KB043399

ON AIR

미국은
내전 중

ON AIR

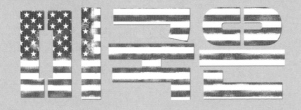

강윤기 지음

PD특파원,
미국의 진실을 생중계하다

혜화동

『ON AIR: 미국은 내전 중』을 시작하며

귀국을 앞두고 미국 지도를 펼쳐 보았다. 한 번이라도 가 본 '주, state' 가 몇 개 되는지 세어 보니 34개나 되었다. 내가 가 본 주 중에는 취재를 위해 열 번 넘게 가 본 곳도 있었고 딱 한 번 가 본 곳들도 있다. 주변에 물어보니 본토에서 태어난 미국인들도 평생 30여 개 주에 가 보는 경우는 드물다고 한다. 그렇게 미국의 이곳저곳을 떠돌아다니며 3년 동안 총 120여 개에 달하는 주제들로 방송을 만들었다.

2020년 7월로 되돌아가 본다. 인천에서 미국으로 떠나는 비행기는 텅텅 비어 있었다. 우리 가족을 비롯해 그나마 몇 안 되는 탑승객들마저 마치 전쟁터로 가는 병사처럼 긴장한 표정이 역력했다. 도착 후, 눈앞에 펼쳐진 미국의 모습은 더욱 처참했다. 세계의 경제수도 '뉴욕'은 죽음이 휩쓸고 간 공포의 도시로 변해 있었다. 코로나19, 전대미문의 전염병은 도시의 모든 기능을 정지시켰다. 그 와중에 치러진 미국 대선, 팬데믹의 충격 탓인지 현역 트럼프 대통령은 재선에 실패했다. 만년 이인자로 정치 인생을 살아왔던 바이든이 새로운 대통령 자리에 올랐다. 하지만 트럼프와 지지자들은 결과에 승복하지 않았다. 우여곡절 끝에 새 정부가 들어섰지만 미국 사회의 갈등은 더욱 골이 깊어졌다. 물리적 충돌마저 빈번했다.

경제적인 여파도 심각했다. 팬데믹 후폭풍에서 벗어나고자 막대한 돈이 풀렸고 금리는 제로에 가까워졌다. 그러자 부동산과 자산, 주식 가격은 폭등했다. 누군가는 큰돈을 만지는 횡재를 했지만, 또 다른 누군가는 직업을 잃고 노숙 생활을 시작했다. 위기와 변화의 진폭이 커지자 미국인 사이에서 서로를 미워하는 증오범죄가 유행했다. 시내 곳곳에 신종 마약에 손을 댄 중독자들이 눈에 띄게 늘기 시작했다. TV에선 연일 총기 사건 소식도 들려왔다.

팬데믹의 상처가 어느 정도 아물기 시작하자 다시금 몰려드는 이민자들이 뉴욕 시내에 넘쳐났다. 그간 풀렸던 돈은 부메랑이 되어 돌아왔다. 물가는 천정부지로 올랐고 금리도 올랐다. 부동산 시장도 얼어붙었다. 가난한 사람들은 더 가난해졌다. 미국에서 유행하던 증오는 세계적으로 퍼져 나갔다. 곳곳에서 전쟁이 시작됐고, 바이든 행정부는 안팎으로 위기에 봉착했다. 그 틈을 타 트럼프는 보무당당하게 다시 백악관의 주인이 되겠다고 선언했다. 이렇게 미국인과 미국인들, 스스로의 싸움은 갈수록 격해져 갔다.

미국 사람들이 점점 더 예민하고 날카로워졌다. 누굴 만나든 미국인들의 마음속 깊은 곳에는 각자의 '적'이 자리 잡고 있었다. 트럼프 지지자들은 바이든 지지자들을 적이라 생각했고, 바이든 지지자들은 트럼프 지지자들을 그렇게 대했다. 인종, 성별 그리고 계층, 정치적인 가치관 차이로 나누어 서로를 증오하고 배제했다. 심지어 제거해야 할 대상으로 여기기까지 했다. 지난 3년간, 곳곳에서 이런 전쟁을 목격했다. 나는 다소 도발적이지만 지금 미국의 상황이 흡사 내전에 가깝다고 생각한다. 그래서 나는 이 책의 제목을 『ON AIR: 미국은 내전 중』이라 정했다.

왜 미국인들은 이렇게 분열했고 서로를 증오하게 된 것일까. 그 답도 현장에 있었다. 미국 곳곳을 다니며 미국인들을 만났다. 지금의 분열은 과연 어디서 시작했고, 갈등의 뿌리는 무엇이었는지 조금씩 알게 되었다. 그리고 2024년 대통령 선거가 미국 사회에 만연한 분열을 수습할 중요한 기회일 수 있다는 것도 깨달았다. 한편으로 이 말은 2024년 대선 이후, 미국이 이제는 더는 돌이킬 수 없는 분열 상황으로 빠질 수 있다는 말이기도 하다.

그런데 지난 3년을 되돌아보며 중요한 사실을 하나 더 알아차리게 되었다. 지금 미국에서 일어나고 있는 '내전'은 결코 미국만의 일이 아니다. 독자들은 이 책을 읽기 시작하자마자 본문에서 주어만 '미국'에서 '한국'으로 바꾸어도 책의 전개가 어색하지 않다는 것을 느낄 것이다. 2024년 4월에 치러진 우리나라의 국회의원 총선거만 봐도 그렇다. 서로 간의 적대감이 깊은 탓에 선거는 마치 전쟁과도 같았다. 절대 상대편에게 패배해서는 안 되는 선거, 정치인들뿐만 아니라 언론과 유권자들도 '나'와 '적'으로 나누어져 있던 것은 아닐까. 정치적 분열, 사회적 갈등, 혐오와 배제, 마약과 폭력, 미국 사회에서 갈등이 두드러진 부분 어느 하나 남의 일로 치부할 것이 없다.

미국에서 지금 벌어지는 일들의 실체를 정확히 파악해야 하고, 미국인들이 그 분열을 어떻게 해결해 나가는지 지켜봐야 한다. 혹은 미국이 분열의 치유에 실패한다면 왜 실패했는지도 알아야 한다. 미국에서 벌어졌고, 또 벌어질 일들이 조만간 우리 눈앞에 그대로 펼쳐질 미래이기 때문이다.

나는 미국을 오랫동안 학술적으로 공부한 전문가는 아니다. 그래서 독자들이 이 책을 볼 때, 전문가적인 식견이 담긴 학술서로 기대하지 않았으면 한다. 다만 지난 3년, 누구보다 미국의 많은 현장을 직접 가 봤다고 자부한다. 생생한 취재 현장의 이야기들이 마치 생중계되듯 "온 에어, ON AIR" 되어 여러분들에게 전해지길 바란다. 그래서 미국에 대한 전문적인 정보가 없는 독자라도 편하게 읽을 수 있도록 가능한 한 풀어 글을 썼다.

아마 이 책을 읽다 보면 '미국이 과연 사람이 살 만한 곳인가'라는 근원적인 질문이 들 수도 있다. 나는 미국을 좋아한다. 미국이 가진 장점과 매력은 전 세계 어느 나라의 그것보다 뛰어나다. 미국의 국토는 풍요롭고, 사람들은 자유롭고 다양하며, 경제력과 기술력은 여전히 세계 최고인 곳이 바로 미국이다. 하지만 이 책은 미국의 매력을 이야기하고자 쓴 책은 아니다. 이 책은 미국의 위대함을 갉아먹으며 뿌리째 흔들고 있는 '분열'

을 강조하고자 한다. 지금 미국이 처한 다양한 문제점과 갈등의 군상들이 도드라질 것이다. 혹시나 미국의 어두운 면만 강조한다고 아쉬워할 독자가 있을까 봐 미리 양해를 구한다.

이 책의 기획부터 편집, 출판까지 모든 과정을 꼼꼼하게 함께 고민해 주신 도서출판 혜화동의 이상호 대표님, 이희정 편집자님께 진심으로 감사드린다. 지난 3년간, 뉴욕지국 생활을 함께했던 한보경 선배와 위험한 곳도 마다하지 않고 늘 고생해 준 카메라 감독 Robert Lee, Ricky Lee, 그리고 조연출 Yena Im, Serry Park 씨에게도 감사 인사 전한다. 하늘에서 여전히 지켜보고 계실 아버지, 언제나 아들에게 최고의 응원을 보내 주시는 어머니와 장인 장모님께도 고개 숙여 인사를 드린다. 미국에서까지 출장으로 자주 집 비웠던 남편 때문에 고생했던 아내 김지혜와 내 인생의 보물인 두 딸, 민서와 다현이에게도 이 기회를 빌려 '사랑한다'는 말을 꼭 전하고 싶다.

2024년 4월
강윤기

목차

2부 _ 미국의 과거, 분열은 어디서 시작됐나

제3장 • 미국은 어떻게 갈라졌나

제4장 • 가치 전쟁

3부 _ 미국의 현재, 절망에 빠지다

제5장 • 증오와 배제

제6장 • 일상화된 공포

1부

미국의 미래, 2024 대선을 어떻게 볼 것인가

2024년 11월 5일, 미국의 제47대 대통령을 뽑는 선거가 실시된다. 현직 대통령인 민주당의 조 바이든(Joe Biden) 후보와 전직 대통령인 공화당의 도널드 트럼프(Donald J. Trump) 후보가 맞붙는다. 전·현직 미국 대통령이 4년 만에 다시 맞대결을 벌이게 되는 미국 역사상 초유의 사건이 발생했다. 보통의 경우, 현직 대통령은 당연히 재선에 도전했지만 이전 선거에서 낙선한 전직 대통령은 정계에서 은퇴하거나 후배 정치인에게 후보 자리를 양보했다. 트럼프 후보는 그런 워싱턴의 관례를 깨고 다시금 설욕전에 나섰다.

1946년생 트럼프와 1942년생 바이든. 우리나라 사람들의 기억 속에 대표적인 미국 대통령으로 기억되는 존 F. 케네디(John F. Kennedy), 빌 클린턴(Bill Clinton), 버락 오바마(Barack Obama) 등은 40대에 대통령이 되었다. 조지 W. 부시(George W. Bush) 전 대통령은 조금 더 나이가 들었지만 그래도 55살이 되던 해에 취임했다. 그런데 이번에는 40대는커녕 50~60대도 아니다. 바이든 후보는 이번에 당선돼 두 번째 임기를 마치면 만 86세까지 대통령직을 수행하게 되는 것이다. 트럼프라고 별반 다르지 않다. 둘의 나이 차는 4살에 불과하다. 이번 미국 대선은 두 후보의 평균 나이가 80이 넘는 역사상 가장 올드한 '올드 보이'들의 대통령 선거가 되었다.

그런데 아이러니하게도 '올드 보이'들의 대선은 미국의 미래를 결정짓는 선거가 되었다. 선거 결과에 따라 미국이라는 국가의 정체성이 새로 결정되고 나아가 기존 세계 질서마저 뒤흔들 후폭풍이 불어닥칠 수 있다. 나는 2024년 대선이 미국의 미래에 있어서 절체절명의 선거가 되리라 생각한다. 이제부터 그 이유가 무엇인지 하나하나 살펴보겠다. 그리고 이번 선거의 승패를 가를 변수에 관해서도 이야기하고자 한다. 또 과연 두 후보 중 누가 최종 승자가 될 가능성이 큰지 그리고 2024년 11월 이후, 미국은 어떻게 변할지도 생각해 보자.

제1장

다음 미국 대통령은?

1. 2024 대선, 미국인의 정체성 전쟁

나는 대학에서 영문학을 전공했다. 그 시절 미국을 공부할 때, 가장 기억에 남는 한 단어가 있다. 바로 미국을 부르는 별칭 'Melting Pot', 우리말로 하면 '용광로'로 대체될 수 있을 것 같다. 이민자들로 구성된 국가에서 여러 인종, 문화, 그리고 언어가 뒤섞여 하나로 동화되는 것을 가리키는데 바로 미국이 대표적인 예라고 배웠다. 참 인상적이었다. 서로 다른 것들을 뜨거운 불로 녹여 하나로 만들어 전혀 새로운 것을 다시 창조하는 것, 그게 바로 미국의 정체성이었다. 이러한 유일무이한 정체성이 기반이 되어 세계 최강대국 미국이 탄생한 것은 어쩌면 당연한 일일지도 모른다.

그런데 막상 미국에 살아 보니 과연 이곳을 'Melting Pot'이라 계속 부를 수 있을지 심각한 회의가 들었다. 미국 사회를 규정했던 용광로 정체성은 이미 사라진 지 오래되었다. 미국은 이제 더는 용광로처럼 이질적인 것들을 녹여내지 못하고 있었다. 녹여지기는커녕 흑인 노예제를 둘러싸고 내전을 치렀던 남북전쟁 이후 가장 극심한 분열과 갈등이 미국 사회에 존재하고 있다. 곳곳에서 서로의 정체성을 의심하며 끊임없이 투쟁을 벌이는 미국인끼리의 전쟁이 벌어지고 있었다.

그 대결의 정점에 2024년 미국 대통령 선거가 있다. 공화당과 민주당은 상대방을 정치적 동반자나 협력의 대상자로 보는 것이 아니라 '적'으로 규정한 듯이 행동한다. 상호 간의 합리적인 토론이나 타협은 사라졌고,

서로에 대한 최소한의 예의마저 저버린 지 오래되었다. 그 시작은 상대방에 대한 정체성 규정이다. 선거운동 과정에서 도널드 트럼프 전 대통령과 그의 지지자들은 조 바이든 대통령과 민주당을 공산주의자라 공격하고 있다. 급진 좌파들이 미국을 사회주의 국가로 만들고 있다고 공격한다. 반대로 바이든과 민주당 지지자들은 트럼프가 미국의 민주주의를 파괴하고 미국 사회를 독재 파시스트 국가로 만들려 한다고 주장한다. 서로를 미국의 정체성을 흔드는 '적'으로 규정하고 있다. 200년 가까이 이어진 미국 양당제의 역사에서 공화당과 민주당이 이토록 서로를 적대시했던 적은 없었다. 특히 이번 선거에 사활을 거는 것은 대통령 자리를 뺏기면 자신이 믿어 왔던 미국의 정체성이 무너질 위기 상황이 온다고 생각하기 때문이다. 절대 패배해서는 안 되는 전쟁, 대통령 선거. 미국에서는 1990년대부터 '문화 전쟁' 혹은 '문화 충돌'이라는 개념이 있었다. 보수주의 가치관을 가진 전통주의자들과 자유주의 성향의 진보주의자들이 대립하고 충돌하는 현상을 일컫는 말이었다. 하지만 2020년대 미국의 내적 갈등은 이제 문화 전쟁을 넘어 '정체성'을 둘러싼 내전 수준으로 치닫고 있다. 나는 이번 2024년 미국 대선을 '미국인들의 정체성 전쟁'이라 규정하고 싶다.

미국의 정체성을 어떻게 바라보는지에 대한 차이가 왜 중요할까. 결국 앞으로 미국이 어떤 나라가 될 것인지를 결정하는 문제이기 때문이다. 정체성 논란에서 가장 주목할 이슈는 바로 '이민'이다. 이민자를 바라보는 미국인들의 시각이야 조금씩 변해 왔지만, 최근에는 국가 정체성을 규정하는 데 있어 핵심 이슈로 떠올랐다. 애초 'Melting Pot'이라는 말도 미국이 이민자들의 아메리칸드림이 실현되는 공간이라는 개념에서 시작된 것이다. 하지만 미국의 초기 이민자들이었던 유럽 출신 백인들은 그 정체성을 잊어버린 지 오래되었다. 트럼프 후보는 이번 선거운동 과정 내내 이민자들을 향한 혐오를 당당하게 드러내고 있다. 그는 선거 유세나 언론 인터뷰에서 수도 없이 "이민자들이 우리나라의 피를 오염시킨다."라고 말했다. 백인들이 피땀 흘려 지금의 미국을 일구어 놓았는데, 전 세계에서 흘러 들어온 이민자들이 그 과실을 탐하며 미국의 정체성을 오염시키고 있다는 말이다. 트럼프 후보 본인도 자신의 가문이 독일과 스코틀랜드계 이민 가정 출신이라는 건 잊어버린 듯하다. 정치 지도자의 발언은 지지자들에게 빠른 속도로 전파된다. 취재를 위해 트럼프 지지 행사나 집회에 갈때마다 실제로 이민자에 대한 혐오 발언을 스스럼없이 하는 사람들을 많이 만나 봤다. "당신네 나라로 돌아가라!", 이런 말을 면전에서 들으면 공포감에 등이 오싹해지곤 했다.

반대편에 있는 사람들은 트럼프를 히틀러에 비유한다. 트럼프 전 대통령과 지지자들의 이민 정책이 과거 나치 정권의 유대인 말살 주장과 뭐가 다르냐는 것이다. 아돌프 히틀러(Adolf Hitler)가 저서 『나의 투쟁』에서 "독일인의 피가 유대인에 의해 오염되고 있다."라고 했던 것을 대표적인 예로 든다. 그들은 히틀러와 다름없는 파시스트 독재자 트럼프를 절대로 미국의 지도자로 받아들일 수 없다고 주장한다. 또 애초 미국이라는 국가의 정체성이 무엇이었는지 잊지 말자고 강조한다. 미국이 원래 '이민자의 나라'였다는 것이다. 그 말은 맞는 말이다. 현재 미국의 주류 계층을 일컬을 때 WASP라는 표현을 쓴다. 'White Anglo-Saxon Protestant', 즉 백인 앵글로·색슨 신교도들을 뜻하는 말이다. 17세기 이후, 초기 미국을 일군 사람들이 유럽의 하층민 중에서 기회의 땅을 찾아 미국으로 건너 온 사람들이기 때문이다. 하지만 시간이 지나면서 미국으로 몰려드는 이민자들의 출신 지역은 유럽뿐만 아니라 아시아, 아프리카, 중남미로 크게 확대됐다. 이렇게 모여든 이민자들 덕분에 미국이 세계 최강대국으로 우뚝 설 수 있었던 건 부인할 수 없는 사실이다.

'이민자 때문에 오염된 미국' VS '이민자 때문에 부강해지는 미국'. 이 책 뒷부분에서 다시 이야기하겠지만 '이민'을 둘러싼 미국인들의 분열과 갈등은 이미 그 임계치를 넘어섰다. '이민'은 이번 대선에서 유권자들의 표심을 움직이는 중요한 기준이 될 것이며, 향후 20~30년간 미국의 정체성을 둘러싼 핵심 쟁점이 될 것이다.

정체성 전쟁에 있어서 또 다른 전선은 '낙태권'에 형성돼 있다. 지난 2022년 중간선거, 당시 많은 전문가가 공화당이 압승할 것으로 예측했다. 이른바 '레드 웨이브(공화당의 상징색, 빨간색을 비유해 공화당이 선거에서 완승하는 상황)'까지 예상한 사람들도 있었다. 그런데 실제 결과는 예상과 달리 민주당이 선방했다. 연방 하원에서는 패배했지만, 상원에서 민주당이 아슬아슬하게 다수 의석을 지킨 것이다. 특히 대표적인 경합 주 조지아주 상원의원 선거에서 민주당이 승리했다. 왜 그랬을까. 낙태권 판례 폐기에 대한 반대 여론이 적지 않은 영향을 끼쳤다고 생각한다. 2022년 6월, 연방 대법원의 결정으로 미국 보수주의자들의 숙원이었던 낙태권이 폐기됐다. 이를 계기로 미국에서 '국가가 낙태에 대한 개인의 권리를 침해할 수 있느냐'는 문제가 미국 사회의 정체성을 결정하는 핵심 이슈로 부상했다. 2024년 대선에서도 '낙태'를 둘러싼 분열과 갈등은 유권자들의 표심에 적지 않은 영향을 줄 것이다. 이뿐만이 아니다. 총기 규제, 마약 문제, 늘어나는 범죄와 노숙인 문제 등, 지난 3년간 내가 미국에서 지켜봤던 주요 사건들은 모두 하나같이 미국의 정체성과 연관된 이슈들이다. 이 문제들을 어떻게 바라보고 또 어떻게 해결할지에 대해 미국인들은 진보와 보수, 자유주의자와 복음주의자, 백인과 소수인종, 그리고 계층 간, 세대 간 나누어져 얽히고설킨 전쟁을 벌이고 있다.

과연 미국인들은 어떤 미국을 선택할까.

2. 리스크 전쟁이 된 선거전

트럼프 VS 바이든, 유권자들이 어떤 미국을 선택하느냐에 따라 최종 승자가 결정될 것이다. 하지만 이번 선거의 승패를 결정할 절대 변수는 또 있다. 이번 미국 대선은 정체성 전쟁이자 리스크 전쟁이다. 즉 '누가 더 본인의 리스크를 최소화하고 상대방의 리스크를 유권자에게 더 어필하느냐'의 싸움이다. 어떤 후보든 자신을 둘러싼 리스크, 즉 위험 요소를 효율적으로 방어해야 승리할 수 있다. 동시에 상대방 후보가 대통령이 된다면 '내가 당선되는 것보다 더 악몽 같은 상황'이 펼쳐질 것이라는 공포를 심어 줘야 한다. 최선이 안되면 차선 내지 차악의 결정으로 유권자가 투표하게 만드는 것이 승패를 결정할 것이다. 누가 더 비호감인지를 봐야 하는 선거, 아마도 2024 미국 대선은 미국 역사상 최악의 선거로 기억될 것 같다.

우선 트럼프 후보에게는 절체절명의 '사법 리스크'가 있다. 트럼프는 지난 2020년 대선 결과 뒤집기 시도, 의사당 폭동 선동, 국가 기밀 유출, 성 추문에 대한 입막음 시도 등 무려 91개 혐의로 기소돼 재판을 앞두고 있다. 여기에 본인과 가족의 회사 경영상 비리 수사까지 진행되고 있어서 혐의는 더 늘어날 수 있다.

이 중 가장 심각한 문제가 될 수 있는 건 누가 뭐래도 '의사당 폭동 선동' 혐의다. 지난 2021년 1월 6일, 트럼프의 대선 패배에 불복한 지지자들이 워싱턴 D.C. 의회 의사당에서 폭력 행위를 일삼고 폭동을 일으켰다. 트럼프의 혐의는 자신의 지지자들을 선동해서 이 폭동을 부추겼다는 것이다. 미국의 수정헌법 14조 3항에 따르면 "헌법을 지키겠다고 맹세했던 공직자가 반란에 가담할 경우, 다시 공직을 맡지 못한다."라고 명시하고 있다. 연방 대법원의 판결에 따라 트럼프는 어쩌면 대선 출마 자체가 금지되는 상황이 벌어질 수 있다. 바이든 대통령이 공격하는 포인트도 여기에 있다. 트럼프를 '폭동을 선동한 민주주의 파괴자'로 규정하려고 한다. 그래서 이번 선거를 '민주주의 대 독재' 구도로 만들면서 트럼프의 사법 리스크를 강조하고 있다. 2024년 새해 첫 연설에서 바이든은 "미국 민주주의를 지키는 일은 내 임기의 핵심 대의"라며 "(트럼프가) 우리의 민주주의를 희생해 권력을 잡으려 합니다."라며 트럼프를 공격했다.

하지만 트럼프 진영은 이른바 '사법 리스크'가 대선 가도에 큰 영향을 주지 않을 것이라 기대하는 것 같다. 모든 혐의에 대해 무죄라고 강조한다. 오히려 이런 사법 리스크를 통해 트럼프가 정치적 탄압을 받고 있다는 이미지를 줘 지지자들을 결집할 수 있다고 생각한다. 실제로 여론조사를 보면 지지자들 사이에서 트럼프를 옹호하는 여론이 분명 결집하고 있다. 그러나 최종 선거 결과까지 도움이 될지는 두고 볼 일이다. 나는 연방 대법원에서 트럼프의 선거 출마 자격을 인정한다고 해도 사법 리스크를 제대로 해소하지 않는다면 그가 선거전에서 최종 승자가 되기는 쉽지 않을 거라 본다. '사법 리스크'가 거세지면 트럼프에 대한 지지자들의 결집이 강해지는 만큼 반트럼프 진영의 연대 전선 또한 강고해질 것이기 때문이다. 특히 미시간, 펜실베이니아, 조지아, 네바다, 애리조나, 위스콘신 등 경합 주의 표심은 더욱 '사법 리스크' 같은 이슈에 민감하다. 트럼프를 지지할 사람들은 똘똘 뭉쳐 있는 상황이다. 이기기 위해서는 부동층을 끌고 와야 한다. 트럼프는 본인을 둘러싼 사법 리스크를 극복하지 못하면 결코 중도층이나 부동층의 표심을 더 끌어오기가 쉽지 않다.

그렇다면 바이든에게는 어떤 리스크가 있을까. 바이든의 리스크는 '나이'다. 1942년생이니 2024년에 만 82세가 된 바이든 대통령. 미국에 있을 때 주변 미국인이나 한국 교민 중에 바이든의 나이나 건강을 주제로 농담을 건네는 사람을 많이 만났다. 유튜브나 SNS에도 바이든의 건강 상태를 조롱하며 치매 환자라 조롱하는 콘텐츠들이 넘쳐난다. 미국 인터넷 언론 중에서 『브라이트바트 뉴스』(Breitbart News)라는 곳이 있다. 트럼프의 최측근이었던 스티븐 배넌(Stephen Bannon)이 한때 CEO였는데 인종차별, 외국인 혐오 등을 부추긴다는 비판을 받는 언론사이기도 하다. 트럼프 전대통령은 2023년 연말, 이 언론사와 단독 인터뷰를 하면서 바이든에 대해 이렇게 말했다. "바이든은 15년이나 20년 전과 비교하면 다른 사람이 됐어요", "말도 제대로 못하고, 두 문장을 합치는 것도 못합니다."라고 조롱에 가까운 말로 바이든을 폄하했다.

내가 아는 트럼프 지지자 중에서는 "바이든은 치매에 걸렸는데 아마 대통령이 돼도 직을 수행하다 갑자기 세상을 떠날 것 같아요."라고 말하는 사람도 있었다. 실제로 바이든 대통령은 TV를 보는 시청자들까지 조마조마하게 만드는 희한한 실수를 자주 일으킨다. 공식 석상에서 발을 헛디뎌 넘어지는 일도 잦고 부쩍 말실수도 늘었다. 지난해 11월 29일, 콜로라도주에 있는 한국 풍력발전 업체에 방문한 바이든 대통령은 "난 당신의 지도자 '미스터 문(Mr. Moon)'과 친구예요."라고 말했다. 문재인 전 대통령과 윤석열 대통령을 혼동한 것이다. 심지어 같은 자리에서 시진핑 중국 국가주석과 과거 중국의 최고 지도자 덩샤오핑을 헷갈리기도 했다. 예전에도 미국의 가수 테일러 스위프트를 브리트니 스피어스로 잘못 지칭하는 등 잊을 만하면 비슷한 실수를 반복하고 있다.

2024년 3월 12일, 워싱턴 D.C.에서 하원 법사위원회 청문회가 열렸다. 바이든 대통령의 기밀 유출·불법 보관 의혹 수사 결과 보고서에 대한 의회 청문회였다. 여기에 출석한 로버트 허(Robert Hur) 특별검사는 "대통령 기억력에 대한 보고서상의 제 평가는 필수적이었고, 정확하고 공정했습니다."라고 말했다. 바이든 대통령을 기밀 유출 혐의로 처벌할 수가 없었는데 그 이유는 직접 조사해 보니 바이든의 인지능력과 기억력이 나빴기 때문이라는 말이었다.

갤럽(Gallup)이 2023년 12월에 발표한 바에 따르면 바이든 대통령은 역대 미국의 현역 대통령 중에서 임기 3년 차 최저 기록인 39%의 지지율을 기록했다고 한다. 민주당 지지자들 사이에서도 그의 건강에 대한 우려가 커지고 있다. 바이든 후보가 이 '나이 리스크'를 극복하지 못하면 승리는 요원하다. 앞으로 4년 더, 80대 중반이 되더라도 본인이 대통령직을 수행하는 데 문제가 없을 거라는 믿음을 유권자들에게 심어줘야 한다. 대통령의 건강 문제가 예기치 못한 국가 위기 상황을 불러올 일은 없을 거라는 최소한의 믿음 말이다. 그렇지 않으면 부동층은 움직이지 않을 것이다. 대통령의 건강과 치매 여부를 걱정하느니 4살 어린 트럼프 후보에게 유권자들의 마음이 갈 것이기 때문이다.

3. 승자는 누구일까? 바이든이 조금 더 유리하다

많은 사람이 내게 이번 미국 대선의 최종 승자를 예측해 보라고 묻는다. 쉽게 답할 수 없다. 역대 어느 미국 대선보다 이번 선거전 자체가 치열하기 때문이다. 이번에 지면 "내 조국, 미국이 무너진다!"라고 생각할 정도로 각 후보와 지지자들은 선거에 사활을 걸고 있다. 그러다 보니 미국 현지 언론, 전문가들도 이번 선거 결과를 전망하는 게 어렵기는 마찬가지다. 다양한 예측이 난무한다. 더군다나 미국은 각 주별 선거인단을 통해 대통령을 선출하는 독특한 제도를 채택하고 있다. 전 국민투표에서 더 많은 표를 얻었더라도 주별 선거 결과에 따른 선거인단 확보에서 뒤지면 낙선할 수 있다. 지난 2016년 대선에서도 공화당의 도널드 트럼프 후보는 전체 득표수에서 민주당의 힐러리 클린턴 후보보다 거의 300만 표나 뒤졌다. 하지만 트럼프 후보는 주요 경합 주, '스윙 스테이트(swing state)'에서 대거 승리하면서 304명의 선거인단을 확보했다. 그래서 227명을 확보하는 데 그친 힐러리 후보를 물리치고 대통령에 당선될 수 있었다.

하지만 굳이 당선 가능성이 커 보이는 후보를 골라야 한다면? 나는 바이든 후보를 꼽겠다. 물론 그 차이는 아주 근소해서 0.1% 차이로 당선자가 결정될 수도 있다. 2016년 선거처럼 전체 득표수에서 이긴 후보가 선거인단 확보 수에서 패배할 가능성도 적지 않다. 하지만 나는 박빙의 선거전에도 불구하고 바이든 후보가 트럼프보다 좀 더 유리할 거라 본다.

트럼프 후보가 다시 백악관에 입성할 거라고 보는 언론이나 전문가들도 적지 않다. 여론조사 결과도 '어대트, 어차피 대통령은 트럼프'라는 말까지 나올 정도로 트럼프가 유리한 편이다. 트럼프의 기세가 상당하다. 2024년 1월 15일, 미국 CBS가 발표한 조사 결과를 보자. 트럼프 전 대통령은 50%의 지지율을 얻어 48%의 지지율을 얻은 바이든 대통령에게 근소한 차이로 앞섰다. 다른 여론조사의 경향도 크게 다르지 않다. 대체로 트럼프의 근소한 우위가 확인된다. 하지만 여론조사 결과를 자세히 살펴보면 트럼프의 치명적인 약점도 드러난다. 위에서 인용한 CBS 조사에서는 트럼프 외에 다른 공화당 경쟁자였던 니키 헤일리(Nikki Haley) 전 유엔대사, 그리고 론 디샌티스(Ron DeSantis) 플로리다 주지사와 바이든 대통령의 가상 대결 결과도 함께 발표됐다. 내가 주목한 것은 헤일리와 디샌티스가 바이든과의 가상 대결에서 트럼프보다 더 많은 지지를 얻었다는 것이다. 특히 헤일리 전 대사는 53%의 지지율을 얻어 45% 지지율을 기록한 바이든 후보보다 무려 8% 높은 지지를 받았다. 또 다른 여론조사를 보자. 2024년 1월 14일 발표된 NBC의 여론조사, 니키 헤일리 전 유엔 대사를 지지하는 공화당원 중에서 43%는 트럼프 전 대통령을 뽑느니 차라리 민주당의 바이든 현 대통령에게 투표하겠다고 답했다. 다른 여론조사들도 비슷한 경향이다. 무슨 뜻일까. 부동층이나 무당파, 심지어 공화당원 중에서도 반트럼프 정서가 상당하다는 것이다.

트럼프 지지층은 역대 미국의 어떤 정치인보다 견고하다. 어림잡아 전체 미국 유권자의 35~40%는 트럼프에 대한 강력한 지지층으로 봐도 무

ON AIR: 미국은 내전 중

방하다. 이들은 트럼프가 주장하는 "MAGA(Make America Great Again, 미국을 다시 위대하게 만들자)"에 열렬히 환호한다. 내가 만나 본 트럼프 지지자들의 특징은 이렇게 요약된다. 첫째, '미국의 주인은 백인들'이라 생각한다. 둘째. 미국을 어지럽히고 있는 이민자들을 쫓아내야 한다고 주장한다. 셋째, 낙태와 동성애는 금지하고 총기는 자유롭게 소지하도록 해 줘야 한다고 생각한다.

사실 예전부터 이런 생각을 마음속 깊숙하게 품고 있던 미국인들이 많았다. 하지만 쉽게 그 뜻을 드러내지 못하고 지냈다. 그런데 자신들의 뜻을 솔직하고 과감하게 대변해 주는 트럼프가 나타난 것이다. 그들은 열광했고 트럼프 주변으로 모여들었다. 그런데 문제는 이들이 강력하게 결집할수록 그들을 싫어하고 반대하는 미국인들이 동시에 늘어나며 뭉치고 있다는 것이다. 그래서 제3의 후보가 둘의 표를 갉아 먹지 않는 이상, 양강 체제하에서는 트럼프가 압도적인 우위를 차지하기가 쉽지 않다. 트럼프의 집권 1기를 지켜본 사람들일수록 그에 대한 호불호가 더 명확하게 나뉘고 있다. 이미 트럼프 지지층은 뭉칠 대로 충분히 뭉쳐져서 선거전이 진행될수록 오히려 확장성에 한계를 보여 줄 가능성이 크다. 특히 91개 혐의에 달하는 트럼프의 사법 리스크는 대선이 다가올수록 더 구체화할 것이다. 트럼프의 상세한 혐의들은 계속 언론에 오르내리고 공판에 참석하는 그의 모습은 중계 카메라에 노출될 것이다. 미국의 NBC가 2024년 2월 6일에 발표한 여론조사에도 이런 예측을 뒷받침하는 결과가 있다. 이 조사에서 트럼프 후보가 47% 지지율을 얻어 42%를 얻은 바이든 후보를 제쳤다. 그런데 트럼프가 유죄판결을 받는다고 가정하면 결과는 달라졌다. 이때는 트럼프가 43%, 바이든이 45%의 지지율을 얻었다. 사법 리스크의 영향력이 고스란히 드러난다. 실제 내가 미국에서 만났던 공화당 지지자 중에서 1/3 정도는 바이든보다 트럼프를 더 싫어했다. 트럼프의 열렬한 지지층들은 이 사법 리스크를 탄압으로 규정하며 똘똘 뭉치겠지만, 그 수만큼의, 혹은 조금 더 많은 미국인이 트럼프에게 치를 떨며 그를 손절할 가능성이 있다. 지난 2020년 대선과 2022년 중간선거에서 민주당이 승리했던 것도 바이든에 대한 온전한 지지보다는 반트럼프 정서가 투표로 드러났다고 보는 것이 맞다. 영국의 『파이낸셜타임스』(Financial Times)도 'FT writers' predictions for the world in 2024, 파이낸셜타임스의 필자들이 예측한 2024년의 세계'에서 이렇게 전망했다. "미국 유권자들이 바이든을 지지한다고 보기보다는 트럼프를 거부하기 때문에 고령의 한계에도 불구하고 바이든은 간신히 재선에 성공할 것이다."

또 하나 미국의 경제 상황을 살펴보면 바이든에게 좀 더 유리한 국면이 펼쳐질 가능성이 크다. 지난 2020년을 생각해 보자. 코로나19 사태가 만든 경제 침체와 위기 상황은 당시 현직 대통령이었던 트럼프에게 큰 악재가 되었다. 2020년 당시 실업률은 6.7%에 달했고 수많은 자영업자가 폐업의 위기에 몰렸다. 많은 기업이 도산했고 미국의 국내총생산은 마이너스 3.5% 성장을 기록했다. 그런데 2024년의 경제 상황은 2022년이나 2023년에 비해서 호전되고 있다. 한때 미국 경제가 경착륙하며 경제 위기가 올 것이라는 어두운 전망도 있었다. 그런데 2023년 들어 미국의 인플레이션이 진정되기 시작했다. 성장률도 예상보다 호조를 보인다. 2024년에 접어들면서 미국 증시는 연일 최고치를 경신하기도 했다. 예상대로 대선을 앞두고 미국 연방준비제도이사회가 기준금리를 낮추면 경기는 더 부양할 것이다. 높은 인플레이션과 공급망 붕괴 등에 따른 바이든 행정부 초기의 경제 상황이 워낙 안 좋았던 까닭에 상대적으로 2024년 이후의 경제 상황이 더 좋아 보이는 효과도 있다.

물론 앞에서도 말했듯이 바이든 후보는 많은 유권자를 불안하게 만들 정도로 고령일 뿐만 아니라 잦은 실수로 '치매 환자'라는 조롱까지 듣고 있다. 하지만 미국 사람들을 직접 만나 보면 바이든에 대한 미국 유권자의 비호감은 트럼프에 대한 비호감보다는 그 강도가 조금 약하다. 또 현직 대통령이 가진 프리미엄은 대선이 다가올수록 더욱 커지기 마련이다. 정책을 통해서 유권자들에게 어필할 기회도 생길 것이다. 우크라이나 전쟁이나 이스라엘 하마스 전쟁의 양상에 따라 또 다른 지지율 상승 모멘텀을 가질 수도 있다. 쓸 수 있는 카드가 트럼프보다 더 있다는 뜻이다. 물론 반대로 바이든이 현직 대통령의 프리미엄을 누리지 못하고 돌발 변수에 의해 국정 운영에 어려움을 겪으며 대선 가도에 치명상을 입을 가능성도 있다.

중동 정책이나 이민정책 때문에 등을 돌렸던 일부 아랍계, 흑인, 중남미계, 청년 등 전통적인 지지층의 마음을 얼마나 되돌리냐도 바이든 후보의 과제로 남아 있다. 특히 이 글을 쓰고 있는 지금, 이 순간에도 시시각각 변하고 있는 중동 상황이 바이든 대통령에게는 매우 중요하다. 이스라엘-하마스 전쟁이 길어지면서 팔레스타인의 민간인 피해가 더 커질 수 있다. 또 이란이나 후티 반군 등의 개입을 통해 주변국으로 확전되어 중동 전쟁이라도 발생한다면 이는 바이든 후보의 대선 가도에 악재가 될 수 있기 때문이다. 하지만 바이든 후보가 여러 당사자의 입장을 중재하여 중동 평화에 이바지한다면 지지율에 큰 도움이 될 것이다. 또 다른 가능성 하나, 불행하게도 이번 전쟁의 확전이 예상을 벗어나 걷잡을 수 없이 진행된다고 가정해 보자. 미국인이 큰 피해를 보거나 미국의 국익이 훼손되어 미군이 직접 전쟁에 개입해야 하는 상황까지 온다면 어떻게 될까. 이렇게 되면 오히려 현직 대통령 바이든을 중심으로 뭉쳐야 한다는 미국 국민 사이의 여론이 급속도로 확산할 수도 있다.

이 모든 건 예측에 불과하다. 2020년 초만 해도 코로나19가 전 세계를 휩쓸 거라 어느 누가 예측했나. 몇 년 전까지만 해도 우크라이나와 러시아가 진짜 전쟁을 벌일지 누가 알았겠는가. 실제 투표가 끝나도 미국 대선의 최종 승자는 금방 결정되지 않을 것이다. 각 주별 개표 결과를 취합해 선거인단 계산이 마무리되더라도 혹시 모를 선거 불복의 저항마저 마무리돼야 결정될 것이다. 과연 승자는 누구일까.

제2장

⋮

대선 이후

1. 트럼프 2.0의 키워드

2024년 1월, 스위스 다보스에서는 세계경제포럼(WEF)이 열렸다. 매년 전 세계의 주요 경제인들과 정치 지도자, 언론인들이 모여 세계 경제의 흐름을 논하는 자리, 외신을 살펴보니 올해에는 특이한 현상이 감지됐다고 한다. 참석자들은 삼삼오오 모여 공식 주제인 '신뢰의 재구축'이 아닌 '트럼프의 재등장'이라는 번외 주제를 두고 열띤 토론을 벌였다고 한다. 그 분위기는 사뭇 긴장되었으며 단순히 미국 정치에 대한 의견을 교환하는 수준을 넘어섰다는 소문이다. 심지어 일부 참석자들은 공개적으로 트럼프의 당선을 두려워했다고 한다. IMF 총재를 지냈고 지금은 유럽중앙은행(ECB)의 총재인 크리스틴 라가르드(Christine Lagarde)는 프랑스 2TV와 가진 인터뷰에서 "첫 임기 4년 동안 트럼프 전 대통령이 이끈 방식에서 교훈을 가진다면 그건 분명히 위협입니다."라며 노골적으로 트럼프에 대한 반감을 나타내기도 했다. 2016년부터 2020년까지의 트럼프 제1기를 겪은 많은 이들이 트럼프의 업그레이드 버전, 트럼프 2.0을 두려워한다. 나 역시 트럼프가 재집권한다면 전 세계는 이전에 겪어 보지 못한 혼란과 갈등의 소용돌이로 빠져들 게 분명하리라 본다.

도대체 트럼프는 왜 이토록 사람들을 두려움에 떨게 만드나. 트럼프 후보가 다시 백악관의 주인공이 되면 어떤 일이 벌어질까. 나는 크게 세 가지의 키워드로 트럼프 재집권의 양상을 상상해 보았다. 처음 떠오르는 단어는 '복수(revenge)'다. 트럼프는 2020년 대선에서 여전히 본인이 승리했다고 생각하고 있다. 워싱턴 D.C.의 부패한 엘리트 관료들이 부정선거를 통해 본인의 표를 도둑질했다고 생각한다. 트럼프의 지지자들 역시 같은 생각이다. 그래서 그는 재집권에 성공하면 곧바로 연방 공무원들에 대한 대대적인 숙청 작업에 들어갈 것으로 보인다. 살생부를 만들어 본인을 반대했던 공무원들을 모두 해고할 예정이라고 한다. 2020년 대선 이후, 자신을 배신한 공무원들도 모두 응징하겠다고 벼르고 있다. 대표적으로는 부정선거를 주장하는 트럼프를 비난했던 윌리엄 바(William Barr) 전 법무부 장관, 트럼프가 '전사한 해병대원들을 비하했다'고 폭로했던 존 켈리(John Kelly) 전 비서실장 등이 복수의 목표가 될 수 있다. 또 행정명령을 발동해 연방 정부 주요 공무원들을 해고하고 그 자리에는 자신의 충성파들을 배치할 것으로 보인다. 설마 그렇게까지 할까도 싶지만 이미 여러 미국 언론에서 '프로젝트 2025'라 불리는 우파 싱크탱크가 이 살생부 명단을 작성하고 있다고 보도했다. 트럼프 스스로 선거운동 기간 내내 "연방 정부에 침투해 있는 공산주의자들을 찾아내 축출할 겁니다."라고 공공연하게 말했다. 본인을 반대하는 세력을 모두 공산주의자로 규정하고 그들을 정부에서 쫓아낸다는 계획이다. 복수의 대상에는 언론도 포함된다. 트럼프를 지지하는 사람들은 트럼프에 비판적이었던 언론과 인터넷 회사에 대한 규제도 강화해야 한다고 강력히 주장한다. 그래서 많은 전문가가 2024년 미국 대선에서 트럼프가 당선되면 우리가 흔히 이해하고 있는 미국식 민주주의가 종말을 고하고 '복수'에 기반한 트럼프식 민주주의(?)가 펼쳐질 것이라고 두려워한다.

트럼프 재집권 이후의 모습을 상상할 수 있는 두 번째 키워드, 'ABB'를 꼽고 싶다. 'Anything But Biden, 즉 바이든이 한 것만 아니면 된다' 정도로 해석할 수 있겠다. 그 말인즉슨, 트럼프는 바이든이 하던 정책이라면 모두 뒤집을 거라는 뜻이기도 하다. 거듭 말하지만 2024년 대선은 '미국이라는 나라의 정체성에 대해 양극단의 두 세력이 벌이는 양보할 수 없는 충돌'이기도 하다. 그런 점에서 트럼프와 지지자들은 바이든 행정부가 '미국을 죽이고 있다'고 주장해 왔다. 트럼프가 재집권에 성공한다면 미국의 정체성을 다시 세우기 위한 전방위적인 사업이 시작될 것으로 보인다. 이 작업은 바이든과 민주당 행정부의 정책을 아주 거칠고 공격적으로 뒤집는 방식으로 이루어질 것이다. 바이든 행정부가 취했던 이민자에 대한 관용 정책을 즉각 폐기하는 것이 최우선 순위가 될 것으로 보인다.

트럼프의 재집권 양상을 그려볼 수 있는 세 번째 키워드는 '어젠다 47(Agenda 47)'이다. 「어젠다 47」은 트럼프 전 대통령의 재선 공약을 설명하는 웹사이트의 이름(https://www.donaldjtrump.com/agenda47)이기도 하다. 미국의 제47대 대통령이 되고자 하는 트럼프 후보가 각 주제에 대한 자신의 공약을 직접 설명하는 곳이다. 이 사이트를 둘러보면 '트럼프 2.0'의 구체적인 설계도가 그려진다. 이런 걸 보면 지난 2016년 모두의 예상을 깨고 대통령에 처음 당선될 당시의 트럼프와 지금의 트럼프는 확연히 다르다. 트럼프와 그의 참모들은 정교하고 구체적인 공약집을 마련했다. 백악관에 재입성하기 위해 절치부심하며 부단히 노력했다는 증거다.

그의 공약은 무엇보다 확고한 미국 우선주의를 강조한다. 외교, 경제정책, 국방, 교육, 이민정책 등 모든 국정 분야에서 미국의 이익을 최우선으로 정책을 추진할 것을 보인다. 문제는 이 과정에서 다른 나라 입장에서는 혼란스럽거나 때로는 재앙으로 다가올 수 있는 상황이 벌어질 거라는 데 있다. 트럼프는 외국의 분쟁에 개입하거나 간섭하는 것을 제한하는 '고립주의'를 내세운다. 미국 국민을 위해서 쓰기에도 모자란 예산을 외국의 전쟁과 같은 일에 쓸데없이 쓰지 않겠다는 뜻이다. 이렇게 되면 세계 곳곳에서 크고 작은 분쟁, 전쟁이 끊이질 않을 수 있다. 트럼프는 2016년 처음 임기를 시작했을 때부터 국제 협력 체제에 대한 극도의 반감을 여러 차례 드러낸 적이 있다. 지난 8년 동안 중국과 러시아의 부상을 목격하며 그의 신념은 더욱 강화된 것으로 보인다.

경제 관련 공약들도 극적인 변화를 예고한다. 바이든 정부가 추진했던 친환경 정책은 바로 폐기될 것으로 보인다. 기후변화에 대한 대응도 소극적으로 변하거나 아예 포기할 수도 있다. 주요 지지층인 백인 노동 계층의 이익을 위해 미국의 전통 제조업과 농업을 최우선 보호하겠노라고 트럼프는 공언하고 있다. 보호무역주의를 강화하고 대중국 견제를 대폭 강화할 것이다.

물론 바이든도 1기 집권 시절 내내, 미국 중심주의를 강력하게 내세웠다. 미국의 경제적 이익을 최우선 가치로 삼았다. 미국의 제조업을 보호하기 위해 동맹들의 희생을 강요했고 강력한 대중 정책을 펼친 것도 트럼프와 별반 다르지 않았다. 하지만 다른 나라의 처지에서 보면 큰 차이가 있다. 바이든 행정부의 정책들은 예측 가능한 수준의 범위 내에 있었다.

하지만 트럼프는 다르다. 트럼프는 즉흥적이고 때로는 모든 이들의 예측을 벗어나는 발언이나 행동을 자주 하는 것으로 정말 유명하다. 무엇보다 그것이 선의든 아니든 간에 트럼프는 거짓말에 능하다. 2021년 1월 24일, 『워싱턴포스트』(Washington Post)에 흥미로운 기사가 실렸다. 트럼프 퇴임 이후 통계를 내 봤더니 트럼프가 재임하는 동안 '허위 또는 오해의 소지가 있는 발언을 3만 573번 했다'고 한다. 자체 팩트 체크 결과라고 한다. 특히 임기 마지막 해에는 매일 평균 39번의 거짓말을 했다고 신문은 분석했다. 트럼프가 당선되면 시작될 트럼프 2.0의 시대, 미국인 사이의 분열은 격화되고 미국에 대한 국제사회의 신뢰가 무너질 수 있다.

2. 트럼프는 세계를 어떻게 바꿀까

트럼프가 재집권한다면 예상되는 상황을 3가지 키워드, '복수, ABB, 어젠다47'을 통해 이야기해 봤다. 그렇다면 우리나라를 비롯한 세계는 어떤 준비를 해야 할까. 트럼프가 제47대 미국 대통령으로 당선되면 미국의 고립주의가 강화될 거라 예상된다. 말 그대로 미국이 스스로 세계의 다른 나라들로부터 고립되겠다는 전략이다. 사실 미국은 1776년 영국으로부터 독립을 선언한 이래, 줄곧 '고립주의'를 외교의 방향으로 삼아 왔던 나라다. '각국의 일은 자기 나라가 알아서 하자'고 주장해 온 것이다. 영국으로부터 독립한 신생국으로서는 당연한 외교정책이었다. 적어도 1941년 제2차 세계 대전 당시, 일본으로부터 진주만 공습이라는 일격을 당하며 미군이 유럽과 태평양 전선에 본격적으로 뛰어들기 전까지는 쭉 그랬다. 제2차 세계 대전이 끝나면서 미국의 고립주의는 막을 내렸고 전 세계가 "팍스 아메리카나(미국이 주도하는 시대)"로 불릴 만큼 미국 중심으로 급속히 재편되었다. 미국의 돈인 달러가 기축통화가 되어 세계를 지배했고 미국의 군대가 세계 곳곳에 주둔하며 각국의 분쟁을 해결하거나 혹은 중재했다. 국방비만 우리 돈으로 천조 원이 넘는다는 데서 유래한 미국의 별명 '천조국', 미국은 이 힘을 바탕으로 악행을 일삼는 국가나 테러 집단들을 응징한 적도 많았다. 세계 곳곳에서 미국을 부정하는 '반미'의 깃발이 올랐지만 1990년대 초, 냉전이 끝나면서 미국의 1강 체제는 더 굳어졌다. 좋게 말하면 '세계 경찰', 나쁘게 말하는 사람들은 '미국 제국주의'라는 표현으로 미국 중심의 세계 질서를 정의했다. 그렇다면 2024년 대선 이후는 어떻게 될까. 트럼프와 그의 지지자들은 더는 미국이 세계 경찰 노릇을 할 필요가 없다고 주장하며 '고립주의'로의 회귀를 당연시하고 있다.

트럼프 후보가 당선된다면 곧바로 우크라이나 전쟁의 양상부터 바뀔 것이다. 평소에도 트럼프는 여러 차례 언론 인터뷰에서 "우크라이나 전쟁을 24시간 이내에 종결시킬 수 있다."라고 공언해 왔다. 지금도 의회에서 공화당은 우크라이나에 대한 추가 지원을 강력히 반대하고 있다. 트럼프가 당선되면 우크라이나에 대한 미국의 지원은 당장 중단되거나 대폭 축소될 것이다. 이렇게 되면 3년째 계속되고 있는 우크라이나 전쟁의 향방은 러시아 블라디미르 푸틴(Vladimir Putin) 대통령의 의도대로 정리될 가능성이 매우 커진다. 트럼프는 2016년 1기 집권 때부터 동맹을 맺거나 국제적인 연대를 만드는 것에 대한 거부반응을 노골적으로 표현해 왔다. 4년간의 절치부심을 거쳐 단단해진 트럼프는 더 강력한 트럼프식 고립주의 노선을 채택할 것이라 본다. 유럽의 방위를 책임지기 위해 미국과 유럽 국가들이 맺은 북대서양조약기구(NATO)에서 미국이 탈퇴할 가능성도 크다. 유럽 국가 지도자들이 트럼프의 재등장에 대해 심각하게 우려한다는 보도가 나오는 건 이런 이유 때문이다. 트럼프가 당선되면 미국과 유럽의 동맹이 흔들리는 대신 유럽 내 러시아의 영향력은 크게 확대될 게 뻔하다. 미국이 동맹국을 위해서 싸워 주거나 지원해 줄 거라는 믿음이 깨지는 것만으로도 유럽의 지도자들은 골치가 아파지기 시작했다. 이렇게 되면 2024년 이후, 유럽 각국에서 이민자들에 대한 혐오를 부추기고 군비 증강, 독자 핵무장 강화를 주장하는 극우파 지도자들이 전면에 등장할 가능성도 커 보인다.

아시아에서는 어떤 일이 벌어질까. 트럼프 후보가 예전부터 강력한 중국 견제 정책을 펼쳐 온 건 유명하다. 하지만 이는 경제적 이해관계가 있는 사안에 국한될 가능성이 크다. 미국의 이해와 당장 관련이 없거나 막대한 비용이 예상되는 일에 대해서는 고립주의 노선을 견지(堅持)할 것으로 보인다. 새롭게 선출된 타이완의 라이칭더 정부는 강력한 독립, 친미 노선을 추구하고 있다. 하지만 트럼프 후보가 당선되면 중국과 타이완에 분쟁이 생기거나 군사적 충돌이 발생해도 미국이 직접 개입하지 않을 수 있다. 트럼프 당선 후, 미국의 대외 정책 노선이 바뀌면 아시아에서도 중국과 러시아의 영향력이 커질 것이다. 중동 질서도 마찬가지, 미국의 고립주의로 생긴 빈틈은 이란이 비집고 들어올 가능성이 커 보인다. 이스라엘과 팔레스타인의 미래 또한 예측하기 힘들다.

개인적으로 제일 우려하는 부분은 한반도의 상황이다. 2기 트럼프 행정부가 등장하면 현재의 한국과 미국, 그리고 일본의 동맹은 다시 리셋될 가능성이 크다. 그 기능이 상당히 위협받을 것이다. 우리나라에서는 '한미일 동맹'이 한국의 지정학적 리스크를 키워 오히려 국익에 도움이 되지 않는다는 주장이 있다. 이런 논란에도 불구하고 현재 동북아시아에 한미일 동맹이라는 큰 외교 축이 있는 건 엄연한 사실이다. 트럼프의 신고립주의는 우리에게 동맹에 대한 새로운 정의와 관계 정립을 요구할 것이다. 지난 1기 집권 시절, 트럼프 전 대통령이 주한 미군 방위비 협상에서 얼마나 매몰차게 굴었는지 한국인들은 또렷하게 기억하고 있다. 2기 집권기에 들어서면 한국을 비롯한 동맹국들에 대한 미군 주둔 비용 청구서는 훨씬 더 비싸질 것이다. 돈을 더 내지 않으면 주한 미군을 아예 철수하거나 아니면 병력을 줄이겠다는 미국의 압박도 거세질 것이다. 주한 미군의 주둔 이유나 비용에 대한 우리나라 내부의 갈등도 크게 불거질 가능성이 크다.

2024년 들어 북한 김정은 국무위원장은 '대한민국을 더 이상 통일과 화해의 대상이 아닌 적대 국가'로 명확하게 선언했다. 전쟁도 불사하겠다는 위협도 꺼리지 않고 있다. 미국의 북한 관련 전문 매체의 대명사라고 하면 「38노스」(38 North)를 들 수 있다. 많은 한국 특파원이나 전문가들은 북한 관련 소식을 확인하기 위해 「38노스」를 자주 찾아본다. 2024년 1월 11일, 흥미롭지만 간담이 서늘해지는 기고문이 「38노스」에 실렸다. 미국 미들베리국제연구소의 로버트 칼린(Robert Carlin) 연구원과 시그프리드 헤커(Siegfried Hecker) 교수의 글이었다. 미국에서 알아주는 한반도 전문가들인 이들은 "한반도 상황이 1950년 6월 이후 그 어느 때보다 위험하다. […] 북한 관영 매체에 등장한 '전쟁 준비' 메시지가 통상적인 허세가 아니다."라며 한국과 세계에 경고했다. 트럼프의 고립주의가 재등장하면 동북아시아에서 한국과 미국의 동맹 관계는 복잡해지는 대신 중국, 러시아, 북한의 협력이 강화되면서 한반도의 긴장이 더 고조될 수 있다.

물론 트럼프가 한반도에서만큼은 특유의 고립주의를 버리고 적극적으로 북한의 김정은 위원장과 화해를 시도할 수도 있다. 몇 번 만난 적이 있는 터라 트럼프가 김정은과의 브로맨스를 내세우며 한반도 문제의 해결사를 자처할 가능성이 있다. 하지만 지금은 트럼프 집권 1기 때와 상황이 많이 달라졌다. 이미 북한은 핵무기를 실질적으로 보유한 것으로 전문가들은 파악한다. 북한은 이제는 협상을 통해 핵 문제를 해결하겠다는 의지도 없는 것처럼 보인다. 설령 대화가 다시 시작된다고 해도 트럼프가 재집권한다면 한국은 배제되고 미국이 북한과 직접 협상할 가능성이 크다. 미국이 북한의 핵 동결을 유도할 거라는 분석도 나오고 있다. 북한이 더는 핵을 개발하지 않는다고 약속하면 지금까지의 핵 보유는 인정한다는 것. 대신에 미국이 북한과의 관계를 정상화하는 선에서 트럼프가 거래를 시도할 가능성도 크다. 트럼프는 김정은과의 통 큰 담판으로 한반도의 핵 문제를 해결하고 이를 통해 세계 평화를 이룬 영웅이 되는 길을 선택할 수도 있다. 문제는 이 과정에서 우리 정부의 영향력이 크게 줄거나 아예 협상테이블에서 배제될 수도 있다는 데 있다. 그렇게 되면 국민 사이에서 '이럴 바에는 우리도 스스로 핵을 가지자'는 여론이 생기며 독자 핵무장론이 등장할 수도 있다.

세계 경제도 큰 변화를 맞을 것이다. 트럼프 2기 행정부는 농업을 포함한 미국의 전통산업을 보호하는데 경제정책의 모든 초점을 맞출 것이다. 트럼프의 공약집 「어젠다47」을 보면 이에 대한 명확한 입장이 나와 있다. 트럼프 후보는 이 공약집에서 "인도와 중국 등이 미국산 제품에 100%, 200% 관세를 부과하면 우리도 똑같이 대응할 겁니다."라고 말했다. 트럼프는 동맹, 비동맹 가리지 않고 외국산 제품에 대한 관세를 대폭 강화할 것으로 보인다. 중국에 대한 견제도 더욱 노골적으로 강화하면서 강대국 간의 경제 보복도 지금보다 잦아지거나 일상화될 수 있다.

경제 분야 중에서 바이든 행정부가 취했던 친환경 정책도 크게 바뀔 것이다. 기후 위기에 대응하기 위해 추진해 온 자동차 연비 규제나 전기차 판매 확대 정책이 폐기 1순위에 해당한다. 바이든의 경제정책, 바이드노믹스(Bidenomics)의 핵심인 인플레이션 감축법(IRA)도 폐기될 것이다. 한국인에게도 익숙해진 IRA 법안에는 미국에서 최종 조립 완성된 전기차에 보조금을 지급하는 내용이 들어 있다. 이 조항에 변화가 생기면 미국 내에 친환경 에너지 산업이나 전기차 관련 산업에 공격적인 투자를 진행하고 있는 우리 기업들도 직격탄을 맞을 수 있다. 대신 원전이나 석유 시추 산업이 다시 호황을 누릴 가능성이 크다. 주요 지지층인 백인 노동 계층이 많이 일하고 있는 전통 제조업을 반드시 지켜야 한다는 게 트럼프의 생각이기 때문이다. 글로벌 이슈에 대한 공동 대응도 이루어지기 힘들 것이다. 지난 2016년, 처음 취임하자마자 트럼프 대통령이 파리기후변화협약 탈퇴를 지시한 적도 있지 않은가.

물론 바이든이 승리해도 미국 이익 중심의 정책 추진은 당연하게 예상된다. 하지만 그때의 정책 변화는 예측 가능한 수준일 것이다. 트럼프가 선거에서 승리하면 전 세계의 외교나 안보, 경제 등 전반적인 질서상 미국의 역할이나 책임을 아예 부정할 수 있다. 미국이 주도했던 세계 질서가 정의로운 것이었냐에 대해서는 논란이 있을 수 있다. 하지만 지금 당장 더 정의롭거나 합리적인 세계 질서의 대안이 나타나기는 힘들다. 오히려 트럼프의 재등장으로 전 세계가 지금까지 겪어 보지 못 한 수준의 무질서와 혼란을 목도하지 않을까 우려된다. 인류의 역사를 살펴보면 이런 무질서와 혼란은 서로를 파괴하는 재앙으로 이어진 적도 많다. 인류를 파멸로 이끌었던 세계대전 직전의 모습들이 지금과 비슷하다는 말까지 들려온다. 특히 우리가 사는 한반도의 미래도 이 혼란에서 절대 예외가 아니다. 어쩌면 가까운 미래가 될 수도 있는 '대혼란의 시대', 우리는 제대로 준비하고 있는가.

3. 바이든과 트럼프는 결과에 승복할까

미국 뉴욕에 본사를 둔 '유라시아 그룹'이라는 곳이 있다. 미국과 전 세계의 정치 리스크가 시장에 미치는 영향을 분석, 컨설팅하는 곳으로 유명하다. 이곳에서 2024년 1월 18일, 아주 흥미로운 보고서를 냈다. '유라시아 그룹'은 2024년 세계가 맞닥뜨린 최대 위험을 'The United States vs itself, 즉 미국 대 미국'이라고 분석했다. 이 책의 주제와 매우 비슷한 표현이다. 유라시아 그룹은 "미국은 이미 세계에서 가장 분열되어 있고 기능에도 문제가 있는 민주주의 국가"라고 묘사했다. 또 2024년 11월 대선이 끝나도 미국의 분열과 혼란은 더 심각해질 것이라고 우려했다. 내가 공감하며 읽었던 부분은 또 있다. 트럼프와 바이든 누가 이기든 선거 결과에 불복할 가능성이 크다고 분석한 것이다.

설마 그런 일이 벌어질까 의아해하는 사람들도 많다. 절대 과한 걱정이 아니다. 선거 후 극심한 혼란이 벌어지고 양 후보 진영 간의 폭력 사태까지 우려된다. 서로를 '적'이라고 부를 만큼 감정의 골이 깊이 파여 있기 때문이다. 2024년 대선도 지난 2020년 선거처럼 그 결과를 쉽게 예측할 수 없는 치열한 레이스가 펼쳐질 것이다. 양측의 선거전은 시간이 지날수록 더욱 치열하고 처절할 것이다. 승자가 결정된다고 해도 표 차이는 아주 근소할 것이다. 지난 대선 결과를 보자. 바이든 후보가 51.3%의 득표율, 306명의 선거인단을 확보하면서 승리했다. 반면에 트럼프 후보는 46.9% 득표율, 선거인단 확보는 232명에 그치며 패배했다. 그런데 트럼프는 득표수로 보면 무려 7,422만 표를 얻어 역대 대선에서 가장 많은 득표를 하고도 패배한 후보가 되었다. 미국 대선의 최종 승자를 결정하는 경합 주들의 분위기 역시, 누구의 승리도 장담할 수 없는 박빙 승부가 예상된다. 결과가 근소하게 결정될수록 양측 모두에게 선거 불복의 유혹은 더욱 강력해지기 마련이다.

특히 우려되는 진영은 도널드 트럼프 후보, 공화당 진영이다. 유세 현장에서 만나 본 트럼프 열혈 지지자들의 특징 중 하나는 트럼프에 대한 '무한한 숭배'다. 흡사 트럼프는 종교 지도자의 반열에 올라와 있는 수준이다. 일부 트럼프 지지자들은 인터뷰에서 "트럼프는 미국을 구원할 수 있는 유일한 희망입니다."라고 말하거나 "트럼프는 결점이 없는 완벽한 사람이에요!"라고 외쳤다. 이런 강성 지지자들은 트럼프가 선거에서 패배할 가능성도 없다고 생각한다. 그들은 지난 대선에서 트럼프 후보가 패배한 것도 부패한 엘리트들의 부정선거 때문이라고 철석같이 믿는다. 지금도 트럼프 지지자들이 주로 애용하는 SNS나 유튜브 방송을 보면 지난 대선의 부정선거 의혹은 기정사실로 받아들여진다.

이때 주로 언급되는 게 우편투표나 사전투표다. 지난 2020년 선거에서 우편투표와 사전현장투표로 이루어진 투표는 총 5,860여만 표에 달한다. 승패를 좌우할 만큼 큰 비중을 차지한다. 그리고 경합 주였던 조지아주나 펜실베이니아주 개표에서 바이든은 이 우편투표 결과에서 승기를 잡았다. 그래서 트럼프 측은 이 과정에 조직적인 부정이 개입했다고 주장한다.

이번에도 우편투표나 사전 투표에서 바이든 후보 표가 많이 나온다면 부정투표 의혹은 반드시 재등장할 것이다.

트럼프가 이기고 바이든 후보가 패배하면 어떨까. 이 경우에도 후유증이 발생할 가능성은 마찬가지일 거다. 반트럼프 정서가 강한 일부 지역, 특히 뉴욕이나 LA 등의 대도시를 중심으로 불복 움직임이 거세게 일어날 가능성이 있다. 그리고 의회의 민주당 의원들이 아예 선거 결과에 대한 인준을 거부하는 사태도 벌어질 수 있다. 향후 트럼프의 사법 리스크의 진행 상황에 따라서 이런 가능성은 더욱 커진다. 만일 트럼프가 본인의 91개 혐의 중 일부에서 유죄를 받거나 명백한 사법적인 문제가 드러났는데도 선거에서 승리한다면 민주당 측에서 선거 결과를 인정하지 않을 가능성이 농후하다. '유라시아 그룹'은 민주당이든 공화당이든 지는 쪽이 선거 결과를 불법이라고 생각해 승복하지 않으면 미국이 극심한 혼란에 빠지고 국정이 마비될 거라 걱정했다.

2024년 3월 16일, 오하이오주에서 열린 집회에서 트럼프는 이렇게 말했다. "Now, if I don't get elected, it's going to be a bloodbath for the whole - that's gonna be the least of it. It's going to be a bloodbath for the country. 자, 만약에 제가 당선되지 않으면 모두 피바다가 될 겁니다. 최소한 그것(자동차 산업)은 피바다가 될 겁니다. 우리나라도 피바다가 될 거예요." 웃고 넘어갈 수 없는 섬뜩한 말이다.

ON AIR: 미국은 내전 중

대선 결과에 대한 승복이 바로 이루어지지 않는다면 선거 불복의 양상은 상상을 초월한 수준이 될 것이다. 지난 2021년, 의사당 폭동 사태 때 전 세계가 받은 충격은 어쩌면 예고편에 불과할 수 있다. 지금부터라도 미국 사회가 진지하게 미리 대처해야 한다. 그렇지 않으면 2024년 11월 이후, 미국에서는 트럼프와 바이든 두 후보를 지지하는 양측 간에 전례 없는 폭력 사태까지 벌어질 수 있다. 트럼프 지지자들은 두 번의 연속적인 패배를 절대 용인할 수 없을 것이다. 이미 준민병대 수준으로 전국적인 조직망을 갖추고 있는 트럼프 지지 단체들은 선거 결과를 사수하기 위해 (혹은 뒤집기 위해) 내전에 준하는 상황도 불사할 수 있다. 트럼프의 선거 불복종 가능성이 조금 더 크다뿐이지 바이든 지지자들도 만만치 않다. 트럼프의 백악관 재입성을 눈 뜨고는 볼 수 없다는 미국인들도 최소한 전체 유권자의 절반이나 존재한다. 그중에는 폭력을 사용해서라도 트럼프와 그 지지자들을 미국 사회에서 몰아내야 한다고 생각하는 사람들도 적지 않다. 특히 "이민자들이 미국의 피를 더럽히고 있다."라고 말하는 트럼프의 이민관은 지금, 이 순간에도 누군가의 분노와 적개심을 한없이 자극하고 있다. 트럼프 후보가 당선되고 반트럼프 진영의 분노가 폭발된다면 선거 결과에 불복하는 폭력 사태가 이번에는 바이든 지지자들 사이에서 벌어질 수 있다.

미국 대선이 가져올 후폭풍을 우려하는 이유는 또 있다. '왕'을 대신할 지도자인 '대통령'을 선거를 통해 뽑는 제도를 처음 만들어 낸 국가가 미국이다. 그래서 미국에서 벌어지는 민주주의의 파열음은 아주 빠른 속도로 다른 나라로 전파될 수 있다. 지난 2022년 1월 8일, 브라질에서 일어난 일을 생각해 보자. 대선에서 패배한 전직 대통령 보우소나루의 지지자들이 선거 결과에 불복하며 의회와 대법원, 그리고 대통령궁에 난입했다. 심지어 이들은 군부의 쿠데타를 요구하며 육군본부를 점거하기도 했다. 미국에서 2021년 1월, 의회 폭동이 일어나지 않았다면 브라질에서 이런 일이 일어날 수 있었을까. 만약 2024년 11월, 미국 대선에서 또다시 선거 불복과 이로 인한 폭력 사태까지 벌어진다면 다른 나라에서도 유사한 비극이 계속될 것이다. 한국이라고 예외일 수 없다.

미국 정치를 볼 때마다 정말 멋있다고 생각한 게 있다. 치열했던 선거전이 끝나고 패배자는 늘 결과에 승복했다. 선거 결과가 확정되면 패배자는 경쟁자였던 당선자에게 전화를 걸어 축하의 덕담을 전한 뒤, TV 생중계를 통해 승복 선언을 했다. 지난 2000년, 재검표 논란까지 갔지만 결국 민주당의 앨 고어(Al Gore) 후보는 법정 투쟁을 포기하고 패배를 인정했다. "개인적으론 동의 못 하지만 판결을 수용합니다…. 나는 이제 부시 당선인에게 당파적 감정은 내려놓을 것입니다. 그가 이끄는 나라에 신의 축복이 있길 바랍니다."라고 했던 고어 후보의 승복 연설은 여전히 회자하는 명연설이다. 2008년 공화당의 대선 후보였던 존 매케인(John McCain)은 버락 오바마의 당선이 확정되자 "조금 전 영광스럽게도 버락 오바마 상원의원에게 전화했습니다. 지금의 미국은 잔인하고 교만했던 과거의 미국과는 다른 세계입니다. 아프리카계 미국인이 대통령이 된 것만큼 더 좋은 증거는 없을 겁니다."라고 말하며 승복했다. 2016년 민주당 후보였던 힐러리 클린턴(Hillary Clinton)도 트럼프의 당선이 확정되자 즉각 승복하고 그의 당선을 축하해 줬다. 하지만 이런 미국 민주주의의 오랜 전통은 2020년 이후 무너져 버렸다. 트럼프는 끝까지 패배를 인정하지 않았고 바이든의 취임식에도 참석하지 않았다. 과연 2024년 11월 이후, 미국의 민주주의는 어떻게 될까. 깨끗이 결과를 인정하는 패배 후보의 승복 선언을 다시 볼 수 있을까, 혹은 승복하지 않는 후보자와 그 지지자들의 무자비한 폭력을 보게 될까. 부디 불안함은 기우이길 바란다.

2부

미국의 과거, 분열은 어디서 시작됐나

트럼프와 바이든, 바이든과 트럼프 중 누가 백악관의 주인이 되든 변하지 않을 사실이 있다. 미국의 분열과 갈등은 계속될 수밖에 없다는 것이다. 지금 미국이 겪고 있는 혼란은 갑자기 생겨난 문제가 아니다. 이는 미국의 헤게모니가 예전만큼 유지되지 못하면서 시작된 현상이다. 제2차 세계대전 이후 계속된 미국 중심의 세계 질서가 흔들릴수록 미국인을 하나로 뭉쳐주던 구심력은 사라지고 서로를 분열시키는 원심력이 강력해지고 있다. 왜 그럴까. 미국이 어떻게 하면 미국답게 살아갈 수 있을지에 대한 사람들의 해법이 서로 극명하게 다르기 때문이다.

어느 사회나 분열과 갈등은 당연히 존재한다. 민주주의 사회일수록 다양한 정치 세력이나 이해 집단의 주장이 서로 맞부딪히면 조정하고 타협하며 사회가 발전한다. 그런데 지금 미국의 분열은 이미 타협 가능한 수준의 차이를 넘어 흡사 '전쟁'과 같은 상황에 진입했다. 도대체 이 분열은 어떻게 시작되었고 왜 이렇게 치유 불가능한 상황까지 이르렀을까. 미국에 도착할 때부터 풀고 싶었던 궁금증이었다.

지난 3년, 궁금증은 조금씩 풀려 갔다. 상대방을 향해 가시 돋친 설전을 벌이는 미국인들의 말을 찬찬히 들어 보면서 그 분노의 원천을 알 수 있었다. 미국인들의 분노는 하루아침에 만들어지지 않았다. 미국과 미국인들도 새로운 세계 질서에 적응하거나 혹은 저항하면서 서서히 변했다. 켜켜이 쌓여 왔던 차이와 변화가 한 사회가 감당할 수 있는 수준을 넘어섰다는 걸 이제야 깨달은 것뿐이다.

지난 1부에서 2024년 대선을 통해 미국의 미래를 살펴보았다면, 지금부터 시작될 2부에서는 분열의 역사를 살펴보고자 한다. '내 편이 아니면 너는 나의 적', 미국 사람들은 무엇 때문에 갈라지게 되었고 얼마나 심각하게 서로를 증오하고 있는지 이야기하려 한다. 지난 3년간의 생생한 취재 후기들이 시작된다.

제3장

:
.

미국은 어떻게 갈라졌나

1. 갈라진 플로리다

미국 플로리다주, 4계절 따뜻한 날씨와 이국적인 풍경을 자랑하는 이곳은 미국에서도 손꼽히는 휴양지다. 하지만 선거 때만 되면 그 아름다움을 무색하게 할 만큼 치열한 전쟁이 벌어지는 곳이기도 하다. 지난 2000년 대선 당시, 앨 고어 민주당 후보가 법정 공방과 재검표까지 가는 접전 끝에 패배하고 공화당의 조지 W. 부시(George W. Bush) 후보가 대통령이 될 수 있었던 것도 플로리다에서 승리했기 때문이다. 반대로 2016년 선거에서는 도널드 트럼프 공화당 후보가 플로리다에서 신승(辛勝)을 거두며 선거인단 29명을 차지했기에 대통령에 당선될 수 있었다. 그렇다 보니 2020년 당시에도 누가 이 플로리다의 민심을 가져가느냐가 미국뿐만 아니라 전 세계 언론의 관심사였다.

코로나19가 여전하던 시기였지만 선거가 다가오면서 한국 본사의 「시사 직격」, 「특파원 보고 세계는 지금」 등 여러 프로그램 제작진과 함께 미 대선 현장 취재를 준비했다. 공화, 민주 양당의 유세 현장을 몇 개 주에 걸쳐서 다녀야 하는 일정이었다. 당연히 플로리다도 포함되었다. 자 그럼, 플로리다 어디로 가야 할까. 미국 현지 언론을 찾아 보다 내 시선을 확 끌어당기는 곳이 있었다. 같은 마을에 사는 이웃들인데도 입에 담기 힘든 쌍욕을 서로에게 퍼부으며 매일 치열한 선거운동을 하는 곳이 플로리다에 있었다. 그래서 찾아간 곳, 플로리다주 중부 섬터 카운티(Sumter County)에 있는 '더 빌리지스(The Villages)'였다.

2020년 10월 15일, 플로리다 올랜도에 도착해 다시 차로 2시간 이동해 '더 빌리지스'에 다다랐다. 타운 입구에 들어서자마자 입이 쩍 벌어졌다. 웬만한 부자가 아니라면 감당하지 못할 고급 전원주택들이 눈길을 끌었다. 도로에는 자동차 숫자만큼이나 많은 골프 카트들이 다니고 있었다. 그렇다. 이곳은 미국에서도 아주 유명한 은퇴자 정착촌이었다. 주민의 98%가 백인이며 65세 이상의 인구가 56%를 차지하는 곳. 미국에서도 알아주는 은퇴 부자들만 살 수 있었다. 노부부가 멋진 전원주택에서 황혼을 보내며 하루에 1~2번 18홀 골프 라운딩을 즐기다 저녁이 되면 라틴바에서 칵테일 한잔과 댄스를 즐기는 곳, 더 빌리지스.

이곳에서 만난 한 은퇴자, 크리스 스탠리는 "'더 빌리지스'는 공화당의 아성이었어요."라고 말했다. 얼마 전까지만 해도 이곳에서 민주당을 지지한다는 표현은 공개적으로 하기 힘들었다고 한다. "공화당을 반대한다면 당신은 골프 게임에 초대받지 못하고 사교 모임에도 참석하지 못해요. 당신의 배우자와는 아무도 카드 게임을 하지 않을 거고 이웃의 파티에도 초대받지 못합니다." 그런데 초유의 사건이 발생했다. 일단의 바이든 지지자들이 공개적으로 선거운동을 하며 정치적 커밍아웃을 시도한 것이다. 2020년 10월 7일, '더 빌리지스' 중심부에서 골프 카트 시위가 벌어졌다. 여기에 참석한 이들은 그동안 몰래 자신의 정치 성향을 숨겨 왔던 '샤이 바이든' 주민들. 이들은 바이든이 미국의 대통령이 되어야 한다고 외쳤다. 하지만 공화당의 아성에서 너무나도 낯선 선거운동이 펼쳐지자 동네 곳곳에서 일촉즉발의 위기 상황이 연출됐다. 돈 많고 교양 있는 백인

은퇴자들의 마을에 난데없이 바이든 지지자들이 그것도 떼를 이루어 나타나자 트럼프 지지자들은 충격과 분노에 휩싸여 육두문자를 날렸다. 이에 질세라 바이든 지지자들까지 욕설을 내뱉으며 결국 서로를 향해 'Fxxx You'를 외쳐대는 풍경이 펼쳐졌다.

그렇다면 공화당의 아성 '더 빌리지스'에서 '바이든 지지'라는 용감한 행동을 선택한 이들은 왜 그런 결정을 했을까. 내가 직접 만난 바이든 지지자들은 민주당을 지지하진 않지만 트럼프가 너무 싫어서 바이든을 지지한다는 사람들이 많았다. 트럼프에 대한 혐오 정서가 바이든 지지로 이어졌다는 것이다. 골프 카트를 타고 여유 있게 대화를 나누던 라페이르고 씨 부부에게 다가가 물었다. 놀랍게도 그들은 공화당원이었지만 민주당 바이든 후보에게 표를 던질 생각이라고 말했다. 이유를 물었다. "트럼프 대통령은 거짓말쟁이예요." 이유는 단순했다. 목소리 뒤편에서 느껴지는 톤에서 트럼프를 얼마나 혐오하고 있는지 단번에 느낄 수 있었다.

노년 인구가 많은 이곳의 특성상, 코로나19 팬데믹 사태를 다루는 트럼프 행정부에 대한 불신 또한 높았다. 간호장교 출신으로 언제나 공화당을 선택해 왔다는 한 할머니를 만났다. "트럼프 대통령은 코로나 상황에 무능하게 대처해 모든 사람을 위험에 빠뜨렸어요. 그건 정말 말도 안 되는 일이에요". 그녀는 인터뷰가 끝나고 마이크 전원을 끄자 더 거친 언어로 트럼프를 비하하고 욕설을 퍼붓기 시작했다.

하지만 '더 빌리지스'의 전반적인 분위기는 달랐다. 이곳을 포함한 플로리다의 큰 도로변에는 트럼프 대통령과 공화당을 지지하는 대형 선거 홍보물들이 압도적으로 많았다. 가장 눈에 띄는 문구, "공산주의자들로부터 미국을 구해야 합니다". 내게는 바이든 후보와 민주당을 공산당으로 규정하고 있는 것 자체가 놀라웠다. 물론 대통령 선거라는 제도를 전 세계에서 처음 만들어 낸 미국에서도 상대방 후보에 대한 공격은 낯선 일이 아니다. 그래도 최소한 서로를 상종할 수 없는 적으로 규정하며 지내진 않았다. 이제 미국에서 자신이 지지하지 않는 정치 지도자에 대한 경멸과 조롱은 전혀 낯설지 않은 광경이 되었다.

'더 빌리지스'에 사는 노인 인구처럼 플로리다주의 선거 결과를 좌지우지할 계층이 또 하나 있다. 이른바 '라티노'라고 불리는 중남미 출신 이민자 집단이다. 미연방 인구조사국의 통계에 따르면 미국 전체의 라티노 인구가 갈수록 늘어 2020년에는 6,210만 명에 달했다고 한다. 이는 4,690만 명으로 집계된 흑인보다 더 많은 수치였다. 플로리다도 중남미와 지리적 거리가 가까운 탓에 주 전체 인구의 17% 이상이 라틴 아메리카 출신이다. 전통적으로 이 중남미계 이민자들은 흑인들과 함께 민주당의 든든한 지지자들이기도 했다.

미국에서 가장 유명한 해변을 가진 마이애미(Miami)로 향했다. 우리가 익히 들어본 '마이애미'라는 도시가 속한 마이애미-데이드 카운티(Miami-Dade County)는 라티노 출신이 전체 인구의 30% 이상을 차지하는 곳이다.

그만큼 민주당과 바이든 지지자들을 쉽게 만날 수 있었다. 그들이 민주당과 바이든 후보를 지지하는 이유는 단순했다. 트럼프 대통령보다 이민자들에게 더 포용적인 정책을 고려하고 있기 때문이었다. 트럼프 대통령은 취임하자마자 멕시코 국경에 장벽을 세우는 등 미국으로 유입되는 중남미 난민들을 가차 없이 혹독하게 대했다. 심지어 국경을 넘다 적발된 어린 자녀와 부모를 분리 수용하면서 전 세계적인 비판에 휩싸였던 적도 있었다. 이런 탓에 상당수 라티노는 트럼프를 피도 눈물도 없는 냉혈한으로 인식하고 있었다. 그런데 '더 빌리지스'의 일부 노인들처럼 이곳 '마이애미'의 라티노들 사이에서도 공화당과 트럼프 후보를 지지하노라 커밍아웃하는 사람들이 나타나기 시작했다.

2020년 10월 18일, 마이애미 시내가 들썩였다. '캐러밴 포 트럼프', 즉 트럼프를 지지하는 차량 행렬이 시내로 쏟아져 나왔다. 현장으로 이동하는 길은 행사 시작 1시간 전부터 쏟아져 나온 트럼프 지지 차들로 마비될 지경이었다. 마치 케이팝 스타들의 콘서트장인 듯 참석자들은 화려한 의상을 입고 음악 소리에 맞춰 라틴 춤을 흥겹게 추고 있었다. 한 손에는 트럼프 깃발을 들고 있었다. 티셔츠, 모자, 깃발, 열쇠고리까지 다양한 트럼프 관련 상품들을 판매하는 노점상은 행사장 주변을 둘러싸고 있었다. 더욱 놀라운 것은 참석자들 대부분이 중남미 출신 이민자들, '라티노'라는 것이었다.

마이애미의 무더운 더위에도 불구하고 가장 신나게 춤을 추며 '트럼프 당선'을 외치는 한 여성 라티노, 메기스 에스티아에게 물었다. 무엇이 이토록 당신을 간절하게 만들었을까? 그녀는 트럼프를 지지하는 이유를 말하는 대신 왜 본인이 바이든 후보와 민주당을 그토록 싫어하는지 말했다. "오바마 전 대통령은 쿠바를 방문했을 때 쿠바 지도자와 춤을 췄어요. 민주당 사람들은 쿠바에 대해 전혀 신경 쓰지 않습니다." 이 대답을 듣고서야 의문이 풀렸다. 유독 플로리다에는 사회주의 카스트로 정권을 피해서 온 쿠바계 이민자가 많다. 지리적으로 가깝기 때문이다. 100만 명에 달하는 이들 쿠바계 유권자들은 다른 국가 출신 라티노들보다 가장 급속하게 보수화가 진행되며 공화당의 든든한 지지 세력이 되었다. 주변에 있던 다른 쿠바계 미국인들의 대답 역시 별반 다르지 않았다. 일부 참석자들은 내게 핏대를 세우며 바이든 후보와 민주당은 공산주의자들이라 외쳤다.

트럼프 당선을 위해 노래까지 만들었다는 한 쿠바계 미국인을 만났다. 그 역시 바이든 후보와 민주당은 쿠바와 화해를 시도했기 때문에 공산당과 별반 다르지 않다고 말했다. 반면 그가 보기에 트럼프 후보는 "이 나라를 지키고 있고 불법 이민을 막기 위해 장벽을 짓고 이 나라의 자유를 지키고 있어요."라고 말했다. 그래서 되물었다, "당신들도 이민자 출신인데 왜 트럼프의 반이민 정책을 지지하나요?" 미구엘 아랑고 씨는 답했다. "우리는 쿠바 공산당을 피해서 불가피하게 미국으로 온 망명자들이고 지금 중남미에서 미국으로 오려고 하는 사람들은 정치적 박해를 받은 것이 아니므로 미국으로 올 자격이 없어요."

ON AIR: 미국은 내전 중

현장 취재를 마치고 추가 스케치 촬영을 위해 마이애미 해변으로 자리를 옮겼다. 플로리다의 태양과 마이애미 해변 풍경은 듣던 대로 역시 최고였다. 하지만 한국의 특파원이 보기에 플로리다에서 만난 사람들의 모습은 낯설기 그지없었다. 두 지지자 그룹의 극단적인 모습, 한쪽은 상대방을 거짓말쟁이, 미치광이로 보고 있고 또 한쪽은 경쟁자를 공산주의 치매 환자로 보고 있는 상황.

플로리다는 2008년과 2012년 대선에서 민주당 오바마 후보의 손을 들어줬던 곳이었다. 하지만 2016년 대선에서 플로리다는 트럼프의 당선에 결정적으로 기여하며 민주당을 배신했다. 그리고 지난 2020년 대선에서 라티노들의 열렬한 지지를 등에 업은 트럼프는 플로리다에서 다시 승리를 거머쥐었다. 하지만 전체 대선 결과는 달랐다. 치열한 접전 끝에 민주당의 조 바이든 후보가 51.3%의 득표율을 얻고 306명의 선거인단을 확보하며 최후의 승리자가 되었다. 도널드 트럼프 후보는 46.9%의 득표율, 미국 역대 대선 최다 득표 낙선자로 기록되며 낙선의 고배를 마셨다. 치열했던 플로리다 사람들의 선거운동도 끝났다. 하지만 나는 이곳에서 미국인들 사이에 퍼지고 있는 상대방에 대한 증오와 적개심이 선거를 통해 해결될 수준을 이미 넘어섰다는 확신이 들었다.

2. 러스트 벨트, 분노의 진앙

미국은 대통령 선거가 4년마다 있는데 그사이 매 2년 주기로 중간선거가 열린다. 중간선거에서는 연방 상원의원 100석 중 34석, 연방 하원의원 전체, 그리고 주지사 50석 중 36석을 뽑고, 각 주의회 의원과 선출직 공무원에 대한 선거도 함께 실시한다. 2022년 11월 8일, 미국에서 중간선거가 시행되었다. 2년 전 대선에서는 바이든 대통령이 신승을 거두었지만, 이번 중간선거에서는 트럼프와 바이든, 승자는 누가 될지 세계의 관심이 다시 미국으로 향했다.

최근 미국의 선거 결과를 자세히 살펴보면 주로 동부와 서부 해안 지역은 민주당이 확고한 우위를 보인다. 뉴욕이나 워싱턴 D.C., 그리고 보스턴, LA, 프란시스코, 시카고 등 대부분의 미국 대도시가 비슷한 상황이다. 이유는 단순하다. 대도시 지역과 그 주변에는 민주당 지지세가 전통적으로 강한 고학력 백인 중산층과 흑인, 중남미, 아시아계 이민자들이 많이 살고 있다. 대도시 지역의 선거 결과는 큰 변수가 안 되다 보니 미국 선거의 진짜 승부는 동·서부 해안 지역을 제외한 중부 지역에서 판가름 날 때가 많다.

중간선거를 앞두고 여러 주를 직접 취재하기로 했다. 소위 '러스트 벨트'라고 불리는 곳들에 우선 가 보기로 했다. 러스트(rust), 즉 녹이 슬어 버린 곳. 미국 중부 지역 중에서도 오하이오, 인디애나, 펜실베이니아, 위스콘신 등 5대호 주변에 있는 곳들이다. 과거에는 제조업 호황을 누렸던 공업지역이었으나 지금은 쇠퇴해 침체의 그늘에 빠진 주들이다. 불과 10여 년 전까지만 해도 강력한 노동조합을 기반으로 한 민주당의 텃밭이기도 했다. 하지만 '러스트 벨트'는 2016년 대통령 선거를 기점으로 열광적인 트럼프 지지자들의 감정을 대변하는 '트럼피즘(트럼프주의)'의 본거지로 변했다. 트럼프가 하는 말이나 행동에 무한 지지를 보내는 그들을 직접 만나기 위해 우선 오하이오주로 향했다.

2022년 11월 4일, 오하이오주 신시내티. 주지사, 연방 상원의원, 연방 하원의원, 주의회 의원들까지 공화당 간판을 단 모든 후보가 한자리에 모인 유세 현장. 공식 취재증을 발부받아 어렵사리 내부에 들어갔는데 우리뿐만 아니라 일본과 유럽에서 온 취재진도 보였다. 열변을 토하는 후보들의 연설이 계속됐다. 그런데 청중석 뒤편, 60대 초반 정도로 보이는 한 백인 여성이 근엄하고 진지한 표정으로 후보들의 연설을 듣고 있었다. 한 사람씩 유세가 끝날 때마다 열정적인 박수를 보냈다. 유세 행사가 끝나고 나는 그녀에게 조심스레 다가가 인터뷰를 요청했다.

트럼프의 어떤 점을 지지하는지 물었을 때 그녀의 답은 명료했다. "부패한 채 자기들의 이익밖에 모르는 나쁜 정치인들과 달리 트럼프는 미국을 사랑하고 진짜 미국인을 위해 미국의 문제부터 해결하자는 정책을 펼쳤기 때문입니다."라고 했다. 그리고 2020년 대선은 부정선거였다고 의심했다. 워싱턴에 있는 정치 엘리트들과 가짜 뉴스를 생산하는 언론들의 음모로 인해 트럼프가 대통령직을 강제로 빼앗겼다고 생각하는 것이다. 그녀의 이야기를 좀 더 듣고 싶었다. 한국에서 온 취재진이라 자초지종을 말하고 집에서 인터뷰를 차분히 한 번 더 하고 싶다 했더니 흔쾌히 승낙했다.

이튿날 오후, 신시내티에서 차로 1시간쯤 떨어진 교외로 향했다. 마을 입구부터 을씨년스러운 기운이 나를 압도했다. 두 집 건너 한 집이 비어 있고 그나마 사람이 사는 집들도 오래되고 낡아 곧 쓰러져도 이상하지 않을 분위기. 놀이터와 공원은 한적하다 못해 적막감이 감돌았다. 영락없이 쇠락한 시골 마을이었다.

그녀의 이름은 '주디'였다. 주디 씨의 집안 분위기도 바깥과 별반 다르지 않았다. 가구나 가전제품은 오래됐고 내부 청소도 자주 못 했는지 정체 모를 냄새까지 코를 찔렀다. 인터뷰를 진행하기 위해 내가 앉은 소파의 커버는 벗겨져서 너덜너덜해져 있었다.

주디 씨는 1960년대 이곳에서 태어나 지금까지 육십 평생을 이 근처에서 살아 왔다고 한다. 1930년대 생인 그녀의 아버지는 자동차 공장에 다니며 누구보다 땀 흘려 일해 번 돈으로 가족들을 부양했다고 한다. 1950~60년대, 미국 경제가 초호황을 누릴 때 그녀는 그렇게 남부럽지 않은 중산층 백인 가정의 일원으로 살았다. 공부도 잘했던 그녀는 집 근처의 한 대학으로 진학해 딸을 대졸자로 만들고 싶어 했던 고졸 아버지의 기대에 부응했다. 그리고 비슷한 배경을 가진 남자를 만나 사랑에 빠졌고 가정을 꾸렸다. 남편도 그녀의 친정아버지처럼 주변에 있던 공장에 다녔고 그녀 역시 다른 회사의 사무직 직원으로 살며 자녀들과 행복한 결혼 생활을 누렸다고 한다.

그런데 2000년대에 접어들며 가족의 삶에 먹구름이 끼기 시작했다. 바로 국제무역이 본격적으로 분업화되면서 오하이오에 있던 많은 제조업 공장이 다른 곳으로 옮겨 가기 시작했다. 중국을 비롯한 아시아 국가들로 공장들이 이전하자 그녀와 남편은 일자리를 잃었다. 그 뒤로는 더는 안정적인 생활을 영위할 수 없었다. 주변 이웃들도 마찬가지, 사람들은 일자리를 찾아 고향을 떠났고, 마을에는 나이가 들거나 떠날 용기가 없는 사람들만 덩그러니 남았다.

주디 씨는 2014년까지는 민주당을 열렬히 지지했던 노동조합원이었다고 한다. 다른 이웃들도 비슷했다. 그런데 그럭저럭 살만하다고 여겼던 가족의 경제적 기반이 무너지고 마을 공동체까지 무너지는 모습을 목격하며 서서히 생각이 바뀌기 시작했다. '민주당이 우리를 위해서 무엇을 해 주었는가?', 그때부터 트럼프가 보이기 시작했다. 트럼프가 가진 시원시원하고 알아듣기 편한 언어, 기존 정치인들과는 다른 단순함은 그녀를 매료시켰다고 한다. '내 일자리를 중국에 퍼 주는 정치인'이 아니라 '미국을 다시 위대하게 만들겠다'는 트럼프의 말은 그녀의 마음을 사로잡았다. 이렇게 오하이오주의 평범했던 백인 노동자 주디는 열렬한 트럼프 지지자가 되었다.

그녀는 지상파 TV를 보지 않았다. 유튜브를 즐겨 봤고 트럼프 지지자들이 운영하는 인터넷 방송국이나 팟캐스트도 가끔 보고 듣는다. 나에게 이렇게 말했다. "TV에서 나오는 뉴스는 모두 거짓말이고 언론들은 트럼프를 깎아내리기 위해 온갖 모함을 만들어 내고 있어요". 그녀는 나에게 정말 예의 바르고 친절했다. 미국에서 흔히 만날 수 있는 평범한 이웃이었다. 하지만 트럼프를 비판하거나 공격하는 사람에 대한 적개심만은 범상치 않았다. 이렇게 러스트 벨트에서 시작된 분노가 바로 분열의 시작이 아니었을까.

중간선거 본 투표일을 하루 앞둔 2022년 11월 7일, 오하이오주 데이턴에 트럼프가 나타났다. 도널드 트럼프 전 대통령이 공화당 후보들에 대한 대규모 지지 유세 "Save America, 미국을 구하라"를 개최했다. 본 유세는 저녁 8시였지만 우리를 포함한 모든 취재진은 오후 3시까지 유세장으로 가야 했다. 공항 검색대 수준의 보안 검색을 거쳐야 행사장으로 진입할 수 있었기 때문이었다. 옆에 있던 어떤 미국인 기자들이 "경호만 봐서는 여전히 트럼프가 백악관에 있는 것 같다."라면서 농담을 주고받았다. 유세장에는 예상대로 형형색색 '트럼프 굿즈'로 치장한 엄청난 인파가 몰려들었다. 많은 트럼프 지지자와 이야기를 나누었다. 유세장 주변에서 트럼프 관련 상품들을 팔고 있는 50대 써니 씨 부부, 그들은 "2016년부터 벌써 92번째 트럼프 전 대통령이 참석하는 집회에 따라다니고 있어요."라고 했다. 딸과 함께 이곳을 찾은 60대 캐서린 씨는 "트럼프는 여전히 우리의 대통령입니다. 2020년 선거에서 트럼프가 당선됐어요."라고 소리를 높였다.

저녁 8시, 전용기가 도착하고 군중의 환호를 받으며 트럼프 전 대통령이 무대 위에 등장했다. 다음 날 있을 중간선거에서 공화당의 완승을 장담하며 본인이 지지하는 오하이오주 상원의원 후보 J. D. 밴스(J. D. Vance)를 소개했다. "밴스! 밴스!" 유세장은 마치 콘서트장처럼 열정적인 함성과 박수 소리로 뒤덮였다.

1984년생인 밴스는 이른바 '트럼프 키즈'로 불린다. 밴스는 유명한 소설가이기도 했다. 가난한 백인 노동자 가정에서 태어났지만 절망을 딛고 성공한 자신의 자서전 격 소설 『힐빌리의 노래』(Hillbilly Elegy)로 유명했다. 백인 노동자 가정은 트럼프 전 대통령의 강력한 지지 기반이다. 초반에만 해도 패색이 짙었던 정치 초년생 밴스, 하지만 선거전이 진행되며 트럼프의 강력한 지지를 등에 업고 오하이오주 공화당 상원의원 후보에 선출되는 기염을 토했다. 정치 입문 초기에 그는 트럼프에게 다소 비판적이었지만 이내 태세를 전환하고 트럼프를 강력히 지지했고 '2020년 대통령 선거는 부정선거'라 주장하며 트럼프의 지지(endorsement)를 얻어 냈다.

트럼프 전 대통령을 지지하는 유세나 집회 현장에 갈 때마다 확인되는 유사점이 있다. 참석자들 대부분이 백인이다. 가끔 흑인이나 유색인종을 볼 수 있지만 그 비율은 극히 소수에 해당한다. 그리고 그들의 열정은 공포감을 줄 만큼 뜨겁고 공격적이기도 하다. 그들의 외침을 한마디로 정리하면 이렇다. "미국을 다시 위대하게 만들고 미국을 위기로부터 구해야 한다!", "미국을 다시 위대하게 만들 트럼프가 낙선한 지난 대선은 사기였다!", "트럼프를 반대하는 사람들은 미국의 적이거나 적과 한편이다."

2022년 11월 8일, 트럼프주의자 J. D. 밴스는 53.04%의 득표율로 민주당의 팀 라이언(Tim Ryan) 후보를 제치고 연방 상원의원에 선출된다. 하지만 애초 트럼프의 전폭적인 선거 유세에 힘입은 공화당이 중간선거에서 이길 것이라는 이른바 '공화당 돌풍, 레드 웨이브'를 예상했던 다수 언론의 예측은 빗나갔다. 하원은 공화당이 승리했지만 민주당은 상원에서 51:50 진땀승을 거두며 완패를 모면한 것이다. 트럼프의 극단주의에 반발한 반대편 유권자들의 견제 심리가 작동한 듯 보였다. 양 진영이 똘똘 뭉친 것이다.

여전히 세계에서 가장 강력한 나라이자 가장 풍요로운 나라, 그곳이 미국이다. 그런데 왜 트럼프는 미국을 다시 위대하게 만들어야 한다고 말할까. 이유는 생각보다 단순하다. 평범한 공장에 다니며 적당한 돈을 벌던 중산층이자 노동 계층이 경제적으로 몰락했다. 공장들은 모두 중국을 비롯한 아시아 국가들로 이전했다. 이렇게 생긴 배신감과 분노는 자신과 미국을 동일시했던 그들의 정체성을 사정없이 흔들어 놓았다. 그리고 그 절망은 반대편에 있는 사람들과는 결코 화해하거나 조정할 수 없는 극단의 영역으로까지 뻗어 나갔다.

녹슬어 버린 곳, '러스트 벨트'에서 수많은 주디를 만나고 나서야 왜 많은 사람이 트럼프에 열광하는지 그리고 미국 사회의 분열이 시작된 진앙이 어디인지 이해하게 됐다. 상대의 존재조차 인정하지 않고 심지어 제거해야 할 대상으로 삼아 버리는 극단적 분노는 결국 스스로 살아남기 위한 생존권 투쟁의 결과였는지도 모르겠다.

3. '이번 선거는 무효!', 2020년 개표 전쟁

2020년 11월 4일, 아침 일찍 서둘러 출근했다. 전날 늦은 밤까지 촬영을 진행했지만, 오늘 하루도 많은 일이 벌어질 것 같은 느낌이 들었다. 예상대로였다. 뉴욕 시내는 긴장감이 팽배했다. 전날 있었던 대통령 선거 결과가 아직도 확정되지 않았기 때문이었다. 큰 시위가 벌어지고 있다는 이야기를 듣고 맨해튼 뉴욕 공공도서관 앞으로 가 보았다. 수백 명의 시민이 도서관 주변과 도로를 점거하고 시위를 진행하고 있었다. 이들의 주장은 '트럼프 전 대통령이 전날 있었던 선거 결과에 승복하고 개표 방해 행위를 당장 중단하라'는 것이었다.

그들의 구호는 단순했다. "Every vote counts", 즉 "모든 투표를 계산하라, 또는 유효하다"였다. 참석자들은 무척 격앙되어 있었다. 이곳에서 만난 케이시오 씨는 "트럼프는 파시스트, 히틀러"라며 "지옥에나 가라, fxxk!"라고 소리쳤다. 시간이 지날수록 참석자들은 크게 늘어 맨해튼 거리를 가득 메웠고 시위대는 늦은 밤까지 행진하고 나서야 해산했다. 이런 집회는 이날 미국 대다수 대도시에서 열렸다.

비슷한 시간, 미국 주요 방송의 뉴스에서는 이른바 '스윙 스테이트(경합주)'라 불리던 미시간주 디트로이트의 한 개표소 상황이 생중계되고 있었다. 트럼프 지지자 수백 명이 개표소를 습격한 것이다. 그들의 요구도 단순했다. "Stop the counting, 개표를 중단하라". 개표 초반에는 트럼프 대통령이 이 지역에서 앞섰는데, 우편투표 등 사전 투표 개표가 시작되면서 바이든 후보가 역전하자 선거 부정이 의심된다는 것이었다. 미시간, 애리조나, 조지아, 펜실베이니아 등에서 비슷한 일들이 벌어졌다. 트럼프 후보의 지지자들은 개표장 입구까지 들이닥쳐 유리창을 두드리며 개표 요원들을 위협하기까지 했다. 이들도 뉴욕에서 만난 트럼프 반대 시위자들처럼 당장 세상이 끝날 것처럼 격앙되어 있었다.

선거는 끝났지만, 지지자들의 싸움, 아니 전쟁이라 불러도 손색없을 양측의 치열한 갈등은 끝나지 않을 듯 보였다. 감정은 더 격화되고 있었고 서로에 대한 적대감은 하루하루 고조되고 있었다. 트럼프가 이기든 바이든이 이기든, 최종 선거 결과가 어떻게 결정 나더라도 미국 사회 전체에 쉽사리 치유되기 힘든 후유증이 발생할 것 같았다.

선거운동 기간 내내 미국 곳곳에서 전조 현상이 나타났다. TV를 켜면 양측 지지자들이 충돌해 주먹다짐을 벌이는 일을 자주 볼 수 있었다. 뉴욕의 상황도 마찬가지. 2020년 10월 26일, 트럼프를 지지하는 사람들이 차를 타고 맨해튼을 돌며 트럼프 지지를 호소하자, 바이든을 지지하는 일부 시민들이 욕설을 퍼부었다. 화가 난 트럼프 지지자들이 차에서 내려 이들과 충돌하면서 집단 난투극이 벌어졌다. 10월 30일에는 텍사스주에서 바이든 지지자들이 탑승한 유세 버스를 트럼프 지지자 차량 100여 대가 둘러싸고 위협하는 일이 벌어졌다. 하지만 트럼프 후보는 이들을 탓하지 않았다, "고속도로에서 수백 대 차량에 둘러싸인 버스 보셨죠? 트럼프 깃발들이 곳곳에 걸려 있었어요. 정말 멋졌습니다." 트럼프는 이렇게 말했다.

심지어 2020년 11월 1일, 버지니아주에서는 트럼프 지지자들이 반트럼프 시위자들을 총기로 위협하는 사건까지 발생했다. 트럼프 대통령이 폭력을 행사하는 지지자들을 옹호하고 심지어 부추긴다는 비판까지 나왔지만, 정작 트럼프 본인은 크게 개의치 않는 분위기였다. 일촉즉발의 위기 상황이 여러 곳에서 연출되고 무력 충돌까지 벌어지자 미국 국민은 극심한 불안감에 휩싸였다. 지지하는 후보의 승리를 맹목적으로 확신하는 극단의 지지자들을 뺀 보통의 시민들은 혹시라도 발생할 수 있는 선거 후 폭력 사태를 걱정했다.

그러다 보니 2020년 10월 말부터 뉴욕 맨해튼 곳곳의 상점들에서 때아닌 외부 공사가 시작되었다. 세계에서 제일 비싼 상품들이 판매되는 명품 거리로 유명한 맨해튼 5번가에 가 보았다. 이곳에는 트럼프 후보가 현직 대통령이 되기 전까지 머물렀던 트럼프 타워도 있다. 그래서인지 주변 상점들은 매출을 포기하더라도 매장 전체를 합판으로 막아 버리고 입구에는 바리케이드를 설치했다. 뉴욕과 워싱턴 D.C. 등 미국 여러 대도시에서 비슷한 일들이 벌어졌다. 선거 결과에 불복한 측이 벌일 폭동과 약탈 사태를 걱정하는 것이다.

선거운동 기간 중, 바이든 후보가 근소한 차이로 앞서고 있다는 여론조사 결과들이 많이 발표됐다. 하지만 트럼프 측은 여론조사들도 극도로 불신했다. 아니 아예 인정하지 않았다. 2020년 10월 12일, 트럼프 후보의 지지 행사를 취재하기 위해 위스콘신주를 찾았을 때였다. '메노모니 폴스'라는 도심에서도 한참 떨어진 시골 마을이었다. 작은 마을이다 보니 트럼프 후보는 현장을 찾지 않았지만 트럼프 대통령의 둘째 아들 에릭 트럼프가 등장했다. 이곳에서 그를 직접 만났다. 그는 당당히 외쳤다. "여론조사에서 지고 있다는데. 그거 다 장난입니다. 그 가짜뉴스들…." 이미 트럼프 측은 여론조사든 실제 투표에서든 절대 질 수 없고, 져서도 안 되는 존재로 스스로 규정짓고 있었다. 다른 가능성은 모두 조작으로 치부했다.

선거 이틀 뒤인 11월 5일, 플로리다주 마러라고 리조트에 머물던 트럼프 후보. 여러 경합 주에서 바이든 후보가 승기를 잡았지만, 결과에 승복하는 대신 그는 개표를 중단하라고 주장했다. 그는 진행 중인 개표가 '거대한 사기'라며 연방 대법원의 판단을 받겠다고 선언했다. 그의 말은 이랬다. "합법적인 투표만 결과에 포함하면 제가 쉽게 이깁니다. 그런데 불법적인 투표까지 계산한다면 그들(바이든 후보)은 선거 결과를 우리에게서 훔쳐 갈 수 있습니다." 지지자들은 이런 트럼프의 발언에 더욱 자극받아 주요 경합 지역에서 개표 중단을 더욱 거세게 요구했다. 하지만 트럼프와 지지자들의 격한 항의에도 불구하고 승리의 여신은 점점 더 바이든에게 미소를 보내고 있었다.

2020년 11월 7일, 고향 펜실베이니아에서 득표율 0.5%의 차이로 바이든의 승리가 확정되며 미국의 모든 언론은 '바이든 당선'이라는 속보를 전 세계에 내보냈다. 바이든은 2016년에 힐러리 후보가 패배했던 미시간, 위스콘신, 펜실베이니아 등 러스트 벨트 지역에서 이번에는 대역전극을 펼치며 4년 만에 정권을 탈환했다.

나는 미국 대선의 불법성이나 개표 과정의 부정 가능성에 대해 누구의 말이 맞는지 확인할 만큼 지식이나 정보는 없다. 직접 이 과정을 눈으로 보고 취재한 것도 아니다. 다만 미국 언론과 전문가들의 일반적인 분석은 투표와 개표 과정에서 부정이나 불법적인 개입은 있을 수 없다는 것이다. 물론 워낙 영토가 넓고 유권자들의 주거지가 흩어져 있는 미국이라는 나라의 특수한 상황에서 우편투표나 사전 투표가 완벽할 수는 없다. 관리 소홀로 인해 정상적인 투표 용지가 무효표로 처리되는 일이 있을 수 있다. 그렇지만 투표 결과를 뒤집을 만큼의 대규모 수량도 아니고 불법적이거나 조직적인 부정행위라고 볼 여지는 전혀 없다는 것이다. 트럼프 후보측이 주로 부정선거 의혹을 제기하고 있는 우편 투표 용지의 경우, 코로나19 사태로 인해 우편투표가 예전 선거에 비해 크게 늘었다는 변수가 있었다. 그리고 우편투표를 선택한 상당수 유권자가 민주당 성향인 것은 여론조사를 통해 이미 알려졌던 사실. 심지어 트럼프가 대표적인 부정선거 지역으로 꼽았던 조지아주의 경우, 선거 업무를 관장하는 공화당 출신의 가브리엘 스털링(Gabriel Sterling) 주 선거관리위원장도 부정선거 가능성을 부인했다. 트럼프 전 대통령의 대표적인 충복이었던 윌리엄 바(William Barr) 연방 법무부 장관 역시 트럼프의 부정선거 주장에 동조하지 않으면서 이후 경질됐다.

다행히 시민들이 우려했던 최악의 폭력 사태는 일어나지 않았다. 11월 8일 이후, 바이든의 승리가 확정되자 대다수 시민은 일상으로 돌아가기 시작했고, 상점들도 바리케이드를 걷어 내면서 뉴욕을 포함한 대도시들을 감싸고 있던 긴장도 풀리기 시작했다. 바이든 지지자들은 이제 지긋지긋한 트럼프 치하가 끝난다며 환호했다. 하지만 아직 끝난 게 아니었다. 트럼프 후보와 지지자들은 여전히 패배를 인정하지 않았다. 미국 역사에서 그 누구도 상상하지 못했던 선거 불복의 먹구름이 다가오고 있었다.

4. 2021년 1월 6일, 의회 폭동

도널드 트럼프 대통령은 선거가 끝나고 2달이 지나도록 결과에 대한 승복 선언을 하지 않았다. 하지만 의회에서는 미국의 46대 대통령이 될 조 바이든 후보에 대한 취임 절차가 진행되고 있었다. 2021년 1월 6일, 미국 의회는 논란이 되었던 개표를 마무리하고 상·하원 합동으로 지난 대선 결과를 승인해 바이든 후보의 당선을 확정할 예정이었다.

하지만 트럼프 지지자들의 분위기가 심상치 않았다. SNS를 통해 이날 워싱턴 D.C.로 집결해 선거 결과 승인을 막자는 게시물들이 급속히 퍼지고 있었다. 나는 그때 뉴욕 지국에 있었는데 상황이 심상치 않다는 느낌을 받아 워싱턴 지국의 선배와 급히 통화했다. 그도 아무래도 분위기가 이상해 의사당 쪽으로 직접 나가 본다고 했다. 단순한 지지자들의 집회를 넘어 예상치 못했던 어떤 일이 일어날 것만 같은 불안감이 들었다. 오전부터 계속 TV를 켜 놓고 주요 채널들을 돌려 가며 봤다. 예상대로 워싱턴 D.C.에는 수만 명의 트럼프 지지자들이 모였다. 이날 집회의 공식 명칭은 "미국을 구하라, Save America"였다. 트럼프 전 대통령은 2016년 대선에서 "미국을 다시 위대하게 만들자, Make America Great Again"이라는 구호를 써서 당선됐다. 망가진 미국을 '자신이 다시 건설하겠다'는 의지의 표현이었다. 그리고 4년 뒤인 2020년 대선의 모토는 "Save America, 미국을 구하라"였다. 본인이 당선되지 않으면 미국이 회복 불능 상태로 망가질 것이라며 "내가 미국을 구해야 한다!"라고 호소한 것이다. 1월 6일 의회 앞에 모인 수만의 시위대는 지난 대선이 부정선거였다고 주장하며 '미국을 구하기 위해' 의사당 방향으로 행진을 시작했다.

문제는 이때부터였다. 오후 2시경, 사무실에서 TV를 보던 내 눈앞에 도저히 믿기지 않는 광경이 생중계되기 시작했다. 의회에서 폭동이 일어난 것이다. 시위대가 행진을 시작하기 직전, 트럼프 당시 대통령이 성난 지지자들에게 "지옥에 있는 것처럼 싸웁시다. 그렇게 싸우지 않으면 미국을 되찾아 올 수 없습니다. 우리, 의사당으로 걸어갑시다."라고 말하는 것을 보고 난 뒤라 "이러다 정말 무슨 일이 날 수도 있겠구나." 걱정한 지 얼마 지나지 않은 시점이었다.

행진 대열이 의사당 입구에 도착하자 시위대 중 수천 명의 트럼프 지지자들은 마치 적들이 차지한 성을 탈환하려는 군인들처럼 의회 의사당으로 몰려들었다. 아니 정확한 표현으로는 공격했다. 시위대는 의사당을 지키고 있던 경찰과 방호 인력들을 주먹으로 직접 때리고 깃대나 파이프, 개인들이 휴대한 간단한 무기를 이용해 무차별 폭력을 행사하기 시작했다. 무력으로 방호 인력들을 제압한 뒤 방어선을 뚫은 그들은 환호하며 유리창과 문을 부수고 의사당 안으로 진입해 들어갔다. 의회 기능은 마비되었다. 그 순간, 대선 결과 승인을 위해 건물 안에 있던 미국의 연방 상하원 의원들은 화를 모면하기 위해 서둘러 피하기 바빴다. 성난 폭도들이 분노에 찬 목소리로 선거 부정을 외치며 의사당을 무법천지로 만들며 휩쓸고 있었다.

결국 그 과정에서 경찰 1명을 포함해 5명이 사망했다. 경찰 140여 명이 다쳤고 재산 피해액만 270만 달러(약 36억 원) 이상 발생했다. 미국 민주주의 역사상 최악의 날로 기록될 만한 충격적인 사건이었다. 이날 저녁 미국의 모든 심야 코미디 토크쇼에서는 농담이 사라졌다. NBC의 지미 팰런(Jimmy Fallon)은 "오늘 사건은 애국적인 것이 아니라 테러리즘이었습니다."라고 했고 CBS의 제임소 코든(James Corden)은 "미치도록 슬픈 날입니다."라고 말하며 그날의 방송을 시작했다.

나는 이 상황을 지켜보며 미국 국민이 느끼고 있는 심리적 분열이 선거를 거치면서 내전 수준으로 악화했다는 것을 실감했다. 이미 서로 돌아올 수 없는 다리를 건넌 느낌이었다. 특히 의사당에 진입한 시위대가 2명의 정치인을 사냥하듯 찾아다녔다는 소식을 듣고는 살기마저 느껴졌다. 적군의 장수를 잡아 포로로 만들거나 처형하려 했던 전쟁 영화의 한 장면과 다름없었다. 뒤에 알려진 사실이지만 당시 폭동 참가자 중 상당수가 케이블 타이나 플라스틱 수갑도 소지하고 있었다.

그들의 첫 번째 목표는 바로 마이크 펜스(Mike Pence) 당시 부통령. 트럼프 대통령의 러닝메이트로 부통령을 지냈고, 2020년 대선에서도 함께 출마했다. 하지만 그는 부통령이자 상원의장의 자격으로 폭동이 발생했던 1월 6일, 선거 결과를 의원들과 함께 승인하려 했다. 그런 탓에 펜스는 트럼프 지지자들에게는 절대 용서할 수 없는 배신자로 여겨졌다. 펜스만 붙잡으면 선거 결과가 의회에서 통과되지 못할 거라 여긴 것이다. 심지어 트럼프 후보 역시 공공연하게 펜스 부통령에게 선거 결과의 승인을 거부하도록 압력을 넣고 있었다. 선거에 함께 출마한 우군의 지도자였지만 주군 트럼프를 배신했다 생각이 들자, 트럼프의 강성 지지자들은 펜스 부통령을 가차 없이 살생부에 올렸다.

그리고 두 번째 타겟, 낸시 펠로시(Nancy Pelosi) 하원 의장이었다. 상대 당인 민주당 의회 지도자이자 미국 국가 서열 3위인 낸시 펠로시였지만, 극렬 트럼프 지지자 사이에서 그녀는 '마녀'로 불렸다. 그만큼 낸시 펠로시를 향한 적대감이 강했다. 펠로시는 트럼프를 수차례 공개적으로 비난한 적이 있었다. 그리고 2020년 2월 4일 트럼프 당시 대통령의 의회 연설 당시, 트럼프가 악수를 거절하자 그의 연설 원고를 공개적으로 갈기갈기 찢어버린 일화까지 있으니 오죽했으랴. 의사당에 진입한 일부 폭동 참가자들은 민주당 출신의 이 70대 여성 정치인을 찾기 위해 동분서주했다. 미리 피해 봉변을 면했다지만 펠로시 하원 의장의 사무실은 쑥대밭이 되었다. 폭동 참가자들은 펠로시의 책상에 발을 올리고 의사봉을 포함한 기물들을 훔쳐 달아났다. 마이크 펜스든 낸시 펠로시든 만에 하나 미처 몸을 피하지 못하고 시위대를 대면했더라면 우리는 21세기 미국 역사상 최악의 정치 테러를 직접 목격했을지도 모른다.

누군가에게는 부정선거의 음모에서 조국을 구하기 위한 의로운 결기였고, 또 누군가에게는 민주주의를 죽이는 역사상 최악의 폭동. 극단에 서 있는 양 진영 간의 증오가 고조되다 보니 마음에 들지 않으면 서슴지 않고 공격한다. 정치 테러마저 저지를 수 있을 정도의 적대감은 광범위하게 퍼지고 있다. 실제로 1월 6일 폭동 이후 1년 9개월 뒤인 2022년 10월 28일, 캘리포니아주 샌프란시스코의 펠로시 자택에 42살 데이비드 데파페(David Depape)로 알려진 괴한이 침입했다. 그는 집에서 낸시 펠로시를 찾지 못하자 펠로시의 남편을 대신 망치로 공격했다. 남편 폴 펠로시(Paul Pelosi)는 크게 다쳤지만 생명에는 지장이 없었다. 범인은 2020년 대선이 부정선거였다고 믿는 사람이었다고 한다.

1월 6일에 일어난 폭동은 미국을 구하기 위한 구국의 결단이 아니었다. 대통령 선거 결과를 인정하지 않는 사람들이 선거 결과를 뒤집기 위해 수도 한복판 의회 의사당을 공격한 명백한 폭동이었다. 더 큰 문제는 폭동의 주체가 극소수의 극단주의자들이 아닌 현직 대통령의 지지자들이었다는 데 있다. 미국 유권자의 절반 정도가 '이 폭동을 부추겼고 심지어 폭동의 배후에 있다고도 의심받는 트럼프'에게 투표했다는 사실은 전 세계에 큰 충격을 던져 주었다. 미국인들이 얼마나 심각하게 분열되어 있고, 또 상대를 향한 증오에 사로잡혀 있는지 여실히 보여 주는 사건이었기 때문이다.

폭동 다음 날이었던 1월 7일, 대통령 선거 결과에 승복하지 않고 있던 트럼프 후보는 "이제 저는 원활하고 질서정연하며 매끄러운 정권 교체에 초점을 맞추고자 합니다. 이 순간 치유와 화해를 요구합니다."라고 발표했다. 폭동의 배후라는 오명을 피하기 위한 것이 아니냐는 의구심이 있었으나, 결과적으로는 트럼프 후보가 대선 결과에 승복한 게 되었다. 지지자들 역시 폭동의 여파로 여론이 악화하며 더는 부정선거 음모론으로 저항하기 힘든 상황이 되었다. 조 바이든 당선자는 2021년 1월 20일, 미국의 46대 대통령으로 취임했다.

5. 프라우드 보이스와 안티파

2021년 1월 6일의 의사당 폭동을 주도한 단체는 '프라우드 보이스 (Proud Boys)'였다. 미국 수사 당국은 이 단체의 수뇌부가 폭동 계획을 세웠고, 참가자들에게 폭력적인 행위를 선동했다고 발표했다. '자랑스러운 소년들', 이름에서 볼 수 있듯이 프라우드 보이스는 백인 남성이 우월하다고 믿는 사람들이 모여 있는 단체로 미국과 캐나다 등에서 주로 활동한다. 2016년, 캐나다 저널리스트 개빈 매키니스(Gavin McInnes)에 의해서 창립되었다. 미국에서도 도널드 트럼프 당시 공화당 대통령 후보가 처음 정치판에 등장한 때와 비슷한 시기에 유명해졌다. 이 단체는 백인들이 미국의 주인이기에 인종차별은 당연하다고 여기고, 다른 나라에서 온 이민자들을 혐오한다. 총기 사용을 옹호하며 무너진 미국의 자존심을 찾기 위해 트럼프가 미국의 지도자가 되어야 한다고 주장한다.

트럼프의 강력한 지지 기반인 '프라이드 보이스'를 직접 만나 취재해 보려고 수소문 해 봤지만 쉽지 않았다. 위험한 극우 단체로 알려져 있고, 활동 자체가 폐쇄적이라 언론의 접근이 쉽지 않았다. 특히나 아시아에서 온 외국 언론인이 그들을 직접 만나는 것은 불가능한 상황이었다.

하지만 '프라우드 보이스'와 비슷한 성향이며 일부 회원이 중복된다는 한 단체를 취재할 기회가 생겼다. 2020년 10월 9일, 대통령 선거 유세전 취재를 위해 위스콘신주를 방문했다. 그곳의 라센이라는 시골 마을에서 트럼프를 지지하는 'Bikers for Trump' 모임이 열린다는 것을 알게 됐다. Biker, 즉 오토바이를 즐겨 타는 트럼프 지지자들의 단체였는데, 미국 언론에 따르면 이 단체의 일부 회원들이 '프라우드 보이스'에도 속해 있으며 두 단체의 성향 역시 매우 비슷하다고 한다. 바로 그곳으로 달려갔다. 멀리서부터 확실히 다른 분위기를 느꼈다. 머리에는 모두 두건을 쓰고 있었고 가죽점퍼를 입은 수백 명의 백인 남성들이 오토바이를 타고 나타났다. 코로나19가 한창이었지만 그들 중 단 한 명도 마스크를 쓰고 있지 않았다.

그곳에서 여러 사람과 이야기를 나눴지만 마이크(가명) 씨가 특히 인상적이었다. 50대 초반의 백인 남성, 트럭 운전이 직업이라고 했다. 그와 한참 이야기를 나누다 보니 분위기가 편안해졌다. 나는 그에게 '프라우드 보이스'에도 속해 있는지 물었다. 그는 웃으며 즉답을 피했다. 몇 번을 물었지만 끝내 인정도 부인도 하지 않았다. 그냥 웃기만 했다. 마지막에는 "말할 수 없다. 그냥 알아서 생각해라."라고 말했다.

이틀 뒤, 그의 집에서 마이크를 다시 만났다. 한적한 교외에 자리 잡은 그의 집은 누가 봐도 열성 트럼프 지지자의 집이라는 걸 바로 알 수 있었다. 여러 개의 트럼프 깃발이 집 앞에 휘날렸고 앞뜰에는 바이든을 비난하는 각종 선전물이 꽂혀 있었다. 워낙 코로나19가 심각했을 당시라 나는 두꺼운 마스크를 쓴 채, 집 안에는 들어가지 말고 마당에서 인터뷰를 진행하자고 제안했다. 그는 제안을 수긍했지만 내가 유난을 떨고 있다고 생각했다. 그는 여태 마스크를 한 번도 써 본 적이 없다고 했다. 이유를 물었다. 그는 호탕하게 웃으며 이렇게 답했다. "코로나가 실제로 존재하는 병인지 궁금하네요."라며 "코로나19 팬데믹 자체가 제약회사의 음모로 기획된 것이에요."라고 그는 말했다.

그는 트럼프가 하는 모든 말을 믿는다고 했다. 트럼프를 좋아하게 된 계기가 무엇인지 물어봤다. 20년 넘게 트럭 운전으로 생계를 꾸려 오던 마이크. 부자는 아니었지만 웬만큼 살 만했다고 한다. 위스콘신주도 '러스트 벨트', 즉 지금은 녹슬어 버렸지만 예전에는 화려했던 미국 제조업 중심지에 속해 있는 곳이다. 그는 주변 공장에서 생산된 물건들을 가득 싣고 도시에서 도시로 화물을 운송하며 큰돈을 벌었다. 그런데 2000년대 초부터 거래하던 공장들이 하나둘 문을 닫았고 그의 일감도 급속하게 줄어들기 시작했다. 가정경제는 어려워지면서 가정불화가 시작됐고 결국 아내와 이혼했다. 여전히 일감은 1주일에 2~3일 밖에 없다. 절망 속에 빠져 있던 그에게 구세주 같은 정치인이 등장했다. "해외로 흩어져 버린 미국의 공장을 다시 가져오겠다."라고 약속했던 트럼프. 그는 희망을 느꼈다. 마이크는 무너진 미국 백인 노동 계층의 삶이 더 나락으로 떨어지는 것을 막을 사람은 오직 트럼프밖에 없다고 느꼈다.

그가 트럼프를 좋아하는 또 다른 이유, 바로 총. 인터뷰 후반부에 접어들자 그는 총기를 규제하자는 여론에 대해 분노하기 시작했다. 마이크는 총기를 소유하고 있었다. 두 정 이상의 총기를 집에 두고 있다고 했다. 총

ON AIR: 미국은 내전 중

을 보여 달라는 나의 요청은 거부했지만 "미국에서 총을 소유하는 것은 자유예요!"라며 "공공의 안전을 위협하는 사람들로부터 가족을 보호하기 위해서 총을 사용할 수 있습니다."라고 주장했다. 바이든 후보는 총기 규제를 주장하니 트럼프 후보를 지지할 수밖에 없다고 했다. 트럼프는 공공연한 총기 옹호론자다.

그는 인터뷰 내내, 내가 이해하기 힘들다는 표정을 지을 때마다 한 번 더 친절하게 설명해 주며 본인의 생각을 차분히 이야기했다. 해외 언론인에게 자기 생각을 제대로 알리고 왜 트럼프가 다시 대통령이 되어야 하는지 말하고 싶어 했다. 마지막으로 오토바이 타는 모습을 촬영하고 싶다고 했더니 흔쾌히 응해 줬다. 그는 오토바이를 타고 마을을 두 바퀴 정도 돌아 주었다. 본인의 가치관이 드러나는 인터뷰에서는 흥분하며 소리를 높였지만 그 외의 모습은 미국 시골에서 흔히 볼 수 있는 전형적인 백인 남성의 모습, 열심히 일해 가족을 부양하고자 하는 평범한 이웃의 모습이었다.

그를 만난 게 2020년 10월 초, 대통령 선거가 있기 전 1달 전이었다. 11월 대통령 선거가 바이든의 승리로 끝난 뒤 다시 그에게 연락을 해 보았다. 그는 "트럼프가 대통령을 도둑맞았어요."라며 흥분했다. 그리고 2021년 1월 6일, 의사당 폭동 사태 이후 다시 연락을 해 보니 그도 당시 의사당에 있었다고 한다. 그 이후 그와의 연락은 끊겼다. 초유의 의사당 폭동에 참여했던 소위 폭도들도 마이크와 같은 그저 평범한 미국인들이었다.

2023년 8월 기준으로 부정선거를 주장하며 의사당 폭동에 가담한 사람 중에서 1,100여 명이 기소되었다. 이 중 110명이 유죄판결을 받았고 366명은 징역형을 선고받았다. 632명은 스스로 유죄를 시인했다. 시위를 주도한 '프라우드 보이스'의 2021년 당시 대표 엔리케 타리오(Enrique Tarrio)는 징역 22년형을 선고받았다.

'프라우드 보이스'는 의회 폭동이 있기 전에도 반대파에 대한 테러와 공격으로 악명이 높았다. 2020년 8월 25일이었다. BLM(Black Lives Matter, 흑인의 생명도 소중하다) 시위가 한창이던 때, 위스콘신주 케노샤에서 인종차별에 항의하는 시위대를 진압한다는 명분으로 모인 백인 남성들이 있었다. 일종의 자경단이었다. 그런데 이 과정에서 비극이 발생했다. 시위대와 자경단이 충돌하는 과정에서 한 백인 자경단원이 시위대를 향해 총격을 가해 2명이 사망한 사건이 벌어졌다. 범인은 17살의 백인 소년, 카일 리튼하우스. 그는 '프라우드 보이스'의 영향을 받은 것으로 알려졌다.

급진 우파에 '프라우드 보이스'가 있다면 급진 좌파에는 '안티파'가 있다. '안티파'는 'Anti-Fascist Action, 반파시스트 행동'의 줄임말로 파시즘과 백인우월주의를 반대하는 급진 좌파 조직을 뜻한다. 이들은 2020년 여름 발생한 BLM 시위 때 미국 주요 도시에서 인종차별에 반대하며 시위를 주도했는데, 일부 도시에서는 매우 거칠고 폭력적인 시위를 진행했다. 심지어 방화나 상점 약탈 등의 테러를 저지른 적도 많다. 이들은 '프라우드 보이스'와는 달리 트럼프를 증오한다. 그들이 보기에 트럼프는 미국에서 가장 악랄한 파시스트이기 때문이다.

2020년 8월 25일, 앞서 말한 대로 케노샤에서 '프라우드 보이스'에 의
한 총격으로 좌파 시위대가 희생당하자 '안티파'는 분노했다. 결국 또 다
른 비극이 발생했다. 케노샤 사건 나흘 뒤인 8월 29일, 오리건주 포틀랜드
에서는 인종차별에 반대하는 '안티파' 성향의 시위 참가자와 '프라우드
보이스' 성향의 극우 단체 회원들이 시내 곳곳에서 충돌했다. 서로 몸싸
움을 벌이고 페퍼 스프레이를 뿌려 대며 일촉즉발의 위기 상황이 연출됐
다. 그런데 지난 총격 사건에 대한 보복이라도 하듯, 48살의 안티파 시위
참가자 마이클 R.이 트럼프 지지 시위대를 향해 총격을 가했다. 이 총에
에런 제이 다니엘슨이라는 사람이 사망했다. 숨진 에런은 'Proud Prayer'
라는 모자를 쓰고 있었다. 프라우드 보이스와 관련 있는 트럼프 지지자였
다. 미국 대도시 한복판에서 극우와 극좌, 양극단에 있는 사람들끼리 상대
방에게 총부리를 겨누더니 보복 총격전까지 일어난 것이다.

그렇다면 안티파는 어떤 사람들일까. 나는 안티파 성향의 사람들을 뉴
욕에서 많이 만나 보았다. 트럼프 지지자들이 도시보다는 시골에 많다면,
상대적으로 좌파 성향의 사람들은 대도시에서 쉽게 만날 수 있다. 2020년
미국 대선을 앞두고 있을 때 뉴욕에서 벌어진 안티파 계열의 집회 현장에
3번 정도 가 본 적 있다. 2020년 10월 3일, 뉴욕 맨해튼 시내에서 "Refuse
Fascism, 파시즘을 거부하라"라는 안티파 계열의 반트럼프 집회가 열렸
다. 그곳에서 만난 한 20대 여성 직장인이 기억난다. 나에게 이름은 가르

쳐 주지 않았지만 자신의 성장 배경에 대해서는 자세히 설명해 주었다. 시골에서 자라 아이비리그에 속하는 보스턴의 한 대학을 나오고 뉴욕에 취직했다고 했다. 보스턴에 있는 아이비리그 대학이라고 하면 하버드나 MIT를 말한다. 미국에서도 최고의 명문대들이다. 그녀의 직장 역시 이름만 대면 한국 사람들도 알만한 좋은 곳이었다. 상당히 성공한 엘리트 코스를 밟은 듯 보였다.

왜 집회에 나왔냐 물었다. 그녀의 답은 이랬다, "지금까지는 취직하기 위해서 정신없이 지내 왔어요. 그러다 보니 2016년 대선에서는 투표도 하지 않았고요. 그런데 지난 4년, 트럼프 집권기의 상황을 보고 분노했어요."라며 트럼프를 극도로 혐오한다고 했다. 특히 무자비하게 난민들을 탄압하는 모습에 분개했다고 말했다. 그녀는 미국의 주류 백인 여성이었지만 "인종주의자인 트럼프를 선거에서 떨어뜨리기 위해 안티파 집회에 참석하게 됐습니다."라고 말했다. 명문대를 나와 뉴욕 최고의 직장에 다니는, 어쩌면 남 부러울 것 없는 사람이었지만 그녀는 분노에 차 있었다. 행진이 시작되자 주변에 있던 참가자들처럼 그녀도 "fxxk 트럼프"를 수도 없이 외쳐 댔다. 그녀를 만난 뒤 2주 후, 앞서 말한 대로 위스콘신에서 마이크를 만났다. 시골 마을에서 트럭을 몰며 트럼프를 추앙하는 마이크 아저씨나 대도시 뉴욕에서 직장 다니며 트럼프를 경멸하는 20대 직장인 둘 다, 평범한 미국 사람들이었다. 하지만 그들은 서로를 경멸하고 증오하고 있었다.

제4장

:

가치 전쟁

1. 바리케이드 연방 대법원

    2022년 7월 13일, 뉴욕에서 4시간 정도 차를 몰아 메릴랜드주로 급히 갔다. 미국 수도 워싱턴 D.C.와 무척 가까운 메릴랜드의 한 고급 주택가에 시위대가 모였다는 소식을 들었기 때문이었다. 이들은 왜 번화가나 도심 지역이 아닌 주택가에서 시위를 벌이는 것일까? 도착해서 보니 만일의 사태에 대비해 워싱턴 D.C.에서 파견된 특수경찰까지 와 있었다.

    한참 동안 경찰과 행진 동선을 협의한 시위대는 오후 6시 퇴근 시간이 다가오자 행진을 시작했다. 대열 맨 앞에는 거꾸로 뒤집힌 성조기가 자리 잡았다. 미국의 가치가 뒤집혔다는 항의의 표시로 보였다. 동네 상가 주차장에서 출발한 행진 대열은 주택가 깊은 곳으로 향했다. 이들이 도착한 곳은 약 3주 전, 여성의 낙태권 폐기를 판결한 미국의 연방 대법관 중 한 명인 브렛 캐버노(Brett Kavanaugh)의 자택이었다. 거리에서는 몹시 흥분해 구호를 외치던 시위대였지만 주택가 가까이에 와서는 이웃 주민들을 의식해서인지 목소리를 조금 낮추었다. 하지만 표정만은 결연했다.

    이번 시위를 주도한 인권 단체 대표 니키 씨와 이야기를 나누었다. 그들이 연방 대법관 집까지 찾아온 이유는 무엇일까. 니키는 "연방 대법관들이 미국의 민주주의를 망치고 있습니다."라고 주장했다. 연방 대법원은 미국 사법 체계의 최상위에 있는 기관으로 헌법, 연방과 주별 하위 법률에 대한 최종 판단의 권한을 가지는 곳이다. 연방 대법관들은 살아 있는 정의

라는 의미로 "저스티스, Justice" 라고 불릴 정도로 권위를 가진다.

연방 대법원은 2022년 6월 24일, 미국 사회에서 지난 50년간 여성의 낙태권을 인정해 오던 '로 대 웨이드(Roe vs Wade) 판례'를 폐기했다. 9명의 대법관 중 5명이 이에 찬성했는데 브렛 캐버노도 판례 폐기를 찬성한 대법관 중 한 명이었다. '로 대 웨이드 판결'에 대해 알아보자. 미국에서는 1970년대 초까지 대부분 주에서 낙태를 불법으로 보고 낙태죄를 처벌했다. 그런데 1969년, 텍사스주에서 노마 맥코비라는 여성이 강간을 당해 임신했다고 주장(실제로는 강간을 당한 것이 아니었다고 한다)하며 낙태 수술을 요구했다. 그런데 임신부의 생명이 위독하지 않고 성폭행 사건에 대한 경찰 보고서가 없다는 이유로 거부당했다. 그러자 노마 씨는 텍사스주를 상대로 위헌 소송을 제기했는데 본인의 신분을 숨기기 위해 제인 로(Jane Roe)라는 가명을 사용했다고 한다. 그러면 웨이드는 누구였을까? 위헌 소송의 피고인이 바로 텍사스주 댈러스 카운티(Dallas Country)의 지방 검사 헨리 웨이드(Henry Wade)였다. 결국 이 세기의 위헌 소송은 원고와 피고 두 사람의 이름을 따 "로 대 웨이드(Roe v. Wade)" 재판이라 불리게 됐다. 그리고 이 소송은 지방법원을 거쳐 연방 대법원까지 올라갔다. 연방 대법원은 1973년 1월 22일, 7대 2로 '낙태 금지는 위헌'이라 판결했다. 이 판결의 판례는 그 후 50년간 미국에서 여성의 낙태권을 인정하는 근거가 되었다. 그런데 2022년 6월 24일, 이 판례가 다시 연방 대법원에 의해 폐기되면서 주별로 낙태를 불법화할 수 있는 길이 열렸다.

문제의 판결이 나고 3주째, 이들은 매일 대법관들 집 주변에서 집회를 열고 있었다. 해가 졌지만 집회 참가자들은 1시간 더 걸어가 연방대법원장 존 로버츠(John Roberts)의 집까지 행진했다. 그들은 '로 대 웨이드 판례' 폐기가 여성의 낙태권 문제를 넘어 미국 민주주의를 위기에 빠트렸다고 주장했다. 민주주의 위기까지 거론하는 이유는 무엇일까. 가장 열정적으로 구호를 외치는 사람에게 다가가 말을 걸어 봤다. "낙태권 폐기와 민주주의는 어떤 관련이 있나요?"라고 물었다. 앤디라고 자신을 소개한 시위 참가자는 내게 본인이 들고 있던 푯말 "연방 대법원이 미국 사회 분열시킨다!"를 크게 흔들어 보였다. 그리고 이렇게 말했다, "연방 대법원은 판결을 통해 미국 사회를 통합해야 합니다. 그런데 대법원이 그 역할을 못하고 시민들의 상식과 어긋나는 판결을 하고 있습니다. 이미 익숙해져 있던 권리를 갑자기 훼손하는 결정이 내려지면 그건 분명 사회적 분열로 이어집니다!"

연방 대법관 자택에서 직접 항의 시위를 한다는 건 미국 사회에서 이전에 볼 수 없던 새로운 현상이다. 미국 사회가 극심하게 분열되다 보니 사법 체계의 최고 권위마저 무너져 버렸다. 실제 미국은 2022년 여름 이후, 낙태권을 둘러싸고 심각한 사회적 분열과 갈등을 겪고 있다. 여론조사를 찾아봤다. 2022년 퓨 리서치 센터(Pew Research Center)에서 실시한 조사에 따르면, 연방 대법원의 판단과는 달리 62%의 미국인들이 낙태권을 지지하고 있었다. 성별로는 여성의 낙태권 지지가 높았고 심지어 보수층에서도 낙태권 지지 여론이 높게 나왔다. 다른 여론조사들의 결과도 비슷한 추이를 보였다. 연방 대법원이 일반인들의 정서와 다른 판결을 하니 분열이 커진다는 말이 일리 있게 들렸다.

문제의 판결 이후, 주말마다 미국의 대도시에서는 항의 시위가 열렸다. 2022년 7월 9일, 궂은 날씨에도 불구하고 워싱턴 D.C.에 1만 명 가까운 시민들이 모였다. 시위대의 구호는 단순했다. '여성의 신체는 여성이 독립적으로 판단할 수 있으며 낙태 결정 또한 그러한 신체 결정권 중 하나'라는 것. 그리고 외쳤다. "Abortion on demand, 원할 때 낙태를!" 그런데 곳곳에서 낙태 찬반 시위대 사이에 충돌이 발생했다. 주로 종교적 색채를 강하게 드러낸 낙태 반대 시민들은 확성기를 이용해 "낙태를 원한다면 당신의 정신이 이상한 겁니다."라고 외쳤다. 그들은 낙태 반대 시위대의 행진을 계속해서 따라가며 자극했다. 서로 욕설이 오가고 몸싸움도 벌어졌다. 다행히 큰 충돌은 일어나지 않았다. 하지만 그날 다른 지역에서는 낙태 찬반 시위대 간에 폭력 사태까지 발생했다.

낙태 반대론자들, 즉 50년간 인정돼 온 미국 여성의 낙태권을 이제는 폐기해야 한다고 주장하는 사람들은 이번 연방 대법원의 판결을 '역사적인 승리'라고 주장했다. 그런데 이를 둘러싼 논란도 지극히 정치적 분열의 산물이다. 왜냐하면 그 중심에 바로 트럼프 전 대통령이 있기 때문이다. 연방 대법원 판결 하루 뒤인 2022년 6월 25일, 트럼프 전 대통령은 자신의 SNS에 이런 글을 올렸다. "이번 판결은 수백만 시민들의 기도에 대한 응답입니다. 보수 여러분들의 무한한 사랑과 희생, 그리고 헌신이 마침

내 완전하게 보상받은 겁니다. 축하합니다." 낙태권 폐기를 둘러싼 미국인들의 찬반 여론은 트럼프에 대한 호불호에 따라 그 경향성이 강화되며 상대방을 적으로 만들고 있다.

낙태권을 폐기한 연방 대법원의 판결에 양 진영이 이렇게 적대적으로 대립하는 건 다른 이유도 있다. 낙태권을 폐기하는 것은 미국을 비롯한 전 세계 보수 진영의 숙원이기도 했다. 하지만 앞서 말한 대로 미국인들의 일반 여론 경향은 낙태권 옹호가 폐지보다는 우위에 있었다. 그래서 관련한 소송이 계속 제기돼 왔지만 연방 대법원에서는 1974년 확립된 '로 대 웨이드 판례'가 유지될 수 있었다. 그런데 변화가 생겼다. 여성과 소수자 인권의 상징이기도 했던 연방 대법관 루스 베이더 긴즈버그(Ruth Bader Ginsburg)가 2020년 9월 18일 사망한 것이다. 그리고 그 후임으로 긴즈버그와는 정반대 성향의 여성 법관, 에이미 코니 배럿(Amy Coney Barrett) 판사가 지명됐다.

미국의 연방 대법원은 그 역할과 지위를 보면 우리나라의 헌법재판소와 비슷하다. 하위 법률들의 위헌 여부를 판단하고 대통령 등 주요 공직자들의 탄핵 여부도 최종적으로 결정한다. 그리고 미국 연방 대법관의 정원이 9명인 것도 우리나라 헌법재판관이 9명인 것과 같다. 그런데 둘 사이에는 큰 차이도 있다. 우선 우리나라의 헌법재판관은 임기가 6년(연임 가능, 정년 70세)으로 정해져 있지만 미국 대법관은 사망하거나 사퇴하지 않는 이상 종신직이다. 임명권자 또한 우리나라처럼 대통령과 대법원장 그리고 국회가 9명의 재판관을 따로 추천하는 것으로 나누어져 있지 않다. 미국은 연방 대법관을 대통령이 지명한다. 이런 면에서 트럼프 전 대통령은 정말 운이 좋았다. 임기 중 무려 3명의 연방 대법관 공석이 발생한 것이다. 그 사이 트럼프 대통령에 의해 보수 성향의 연방 대법관들이 줄줄이 지명되며 대법원의 이념 지형이 역전된 것이다.

바로 이 과정에서 트럼프를 싫어하는 사람들의 증오심이 한층 심해졌다. 긴즈버그 대법관이 사망한 것이 2020년 9월 18일이니 트럼프 당시 대통령의 잔여 임기가 몇 달 안 남은 상황이었다. 미국 사회에서는 곧 퇴임하게 될 대통령이 연방 대법관을 새로 뽑으면 안 된다는 주장이 대두됐다. 왜냐면 2017년 초, 오바마 전 대통령은 임기 말에 발생한 연방 대법관의 공석을 채우지 않고 후임 대통령이 임명하도록 양보했기 때문이다. 반대로 보수 진영은 이 기회를 놓치지 말라고 트럼프를 채근했다. 트럼프 대통령은 좌고우면하지 않고 긴즈버그 대법관이 사망한 지 열흘도 안 된 9월 26일 에이미 코니 배럿을 후임으로 지명했다. 서로 지켜오던 금도가 깨지기 시작하니 남은 건 분노와 증오뿐.

보수 성향으로 바뀐 연방 대법원이 낙태권 판례를 폐기하자 행정부의 수장인 바이든 대통령도 바로 맞대응했다. 2022년 7월 8일, 낙태권을 보호하기 위한 행정명령에 서명한 것이다. 이번 일은 시작에 불과할 것이다. 미국인들의 대체적인 여론과 연방 대법원의 결정이 서로 어긋나며 벌어지는 충돌은 앞으로도 계속될 듯 보인다. 대표적으로 기후 위기를 해결하기 위한 온실가스 문제나 총기 규제 등에서도 보수와 진보 간의 대립은 격해지고 있다. 연방 대법원의 구성이 보수 대 진보, 6:3 구도로 바뀌면서 지금까지 유지되어 오던 관련 판례들이 뒤집힐 가능성이 커졌기 때문이다.

연방 대법원 건물은 워싱턴 D.C. 한복판에 있다. 연방 대법원은 1789년에 설립된 곳으로 미국 사법제도의 최고 권위를 상징한다. 하지만 2022년 7월, 워싱턴 D.C. 의회 의사당 뒤편에 있는 연방 대법원 주변에는 사람 키보다도 훨씬 높은 2미터짜리 바리케이드가 몇 겹으로 설치되었다. 사람들의 통행도 통제됐다. 낙태권 판례 폐기에 따른 항의 시위대와 찬성 시위대의 공격이나 양측의 충돌을 우려한 것이다. 나는 바리케이드 사이로 보이는 연방 대법원 건물을 한참 동안 쳐다보고 있었다. 주변을 지나던 타라 씨가 나에게 이렇게 말했다. "미국은 결국 갈라질 거 같아요. 지금과 같은 상황이 계속된다면 10년쯤 지나면 우리나라에는 하나가 아니라 두 개의 정부가 있을 겁니다."

2. 미디어 전쟁, 폭스와 CNN

지난 2023년 4월 24일, 미국의 대표적인 케이블 뉴스 채널인 폭스 뉴스 (FOX News)와 CNN(Cable News Network) 두 곳이 동시에 대표 앵커를 퇴출하는 일이 벌어졌다. 미국 언론은 물론이고 다른 나라들의 미디어에서도 주요 뉴스로 다룰 만큼 우연치고는 정말 특이한 일이 벌어졌다. 나도 그 소식을 듣고 깜짝 놀랐던 기억이 있다. 두 앵커와 관련한 뒷이야기를 자세히 들여다보면 미국에서 벌어지고 있는 소위 '미디어 전쟁'까지 알 수 있기 때문이다.

우선 폭스 뉴스 이야기를 해 보자. 폭스 뉴스는 미국의 대표적인 보수 진영 뉴스 채널이다. 폭스 뉴스는 케이블 뉴스 채널 중에서는 시청률과 시청자 수에서 단연 1위를 차지하고 있다. 2021년 닐슨 미디어 리서치 (Nielsen Media Research)가 조사한 결과를 보니 폭스 뉴스의 평균 시청자 수는 24시간 기준으로 평균 180만 명이었다. 저녁 프라임 타임 시간대만 보면 폭스 뉴스 평균 시청자 수는 350만 명이나 됐다. 물론 폭스 뉴스가 1위를 차지하는 비결에는 상대적으로 진보적인 뉴스 채널이 여러 개가 있는데 반면 친공화당, 친트럼프 색깔의 뉴스 채널은 폭스 뉴스가 독보적이라는 이유도 있다. 그래서 보통 2위와 3위는 친 민주당 논조를 보이는 CNN과 MSNBC가 차지하고 있다. 그렇다고 해도 폭스 뉴스가 가장 많은 시청자의 선택을 받는 것은 확실하다.

이렇게 폭스 뉴스가 보수 진영의 대표적인 뉴스 채널로 미국 시청자들의 마음을 사로잡는 데 가장 큰 공을 세운 사람이 바로 '터커 칼슨(Tucker Carlson)'이다. 그는 대표적인 친트럼프 언론인이다. 친트럼프라고 하는 것도 사실 적절하지 않다. 트럼프와 동일체와 같은 인물이다. 2016년부터 6년간 자신의 이름을 딴 뉴스쇼 「터커 칼슨 투나잇」(Tucker Carlson Tonight)을 단독 진행하며 쉽고 대중적인 언어로 트럼프의 주요 지지층인 백인 노동자 계층의 열광적인 지지를 받았다. 그는 노골적으로 트럼프를 지지했고 반대편에 있는 민주당을 악마처럼 묘사했다. 뉴스 진행 중에 바이든 대통령을 조롱하는 일은 예사였다. 이민자들이 미국을 더럽히고 가난하게 만들고 있다는 말도 자주 했다. 그의 뉴스를 보고 있으면 우리가 흔히 아는 '중립적이고 객관적이어야 하는 뉴스'를 보고 있다는 느낌은 전혀 들지 않는다. 가끔 나도 시청했는데 그냥 한편의 쇼를 보고 있는 것 같은 느낌이 들 정도였다. 그의 진행은 요즘 말로 텐션이 가득 차 있다. 쉽고 대중적인 언어를 사용하지만 동시에 공격적이고 매우 자극적이다. 자막과 음향효과는 다소 유치해 보일 정도로 선정적이다. 사람들은 요즘 이런 뉴스에 열광한다. 시원시원하기 때문이다. 그런데 그가 해고됐다.

그가 해고된 이유는 역설적으로 트럼프 때문이었다. 터커 칼슨 앵커는 뉴스를 통해 2020년 미국 대선이 조작됐다는 의혹을 꾸준하게 언급했다. 바이든을 당선시키기 위해 부정선거가 벌어졌다는 음모론을 공공연하게 말하며 트럼프 지지자들을 자극했다. 그의 핵심 주장은 '28개 주에 투개표기를 공급한 업체가 바이든 후보의 당선을 위해 투표 결과를 조작'했다는 것이었다. 이런 주장이 계속되자 참다못한 해당 투개표기 제조업체가 폭스 뉴스에 대해 명예훼손 소송을 제기했고 2년에 걸친 소송전이 이어졌다. 결국 폭스 뉴스는 소송 끝에 자신들의 잘못을 인정하고 이 업체에 무려 7억 8,750만 달러(한화 약 1조 391억 원)의 배상금으로 물어 주기로 합의하기에 이른다. 그리고 합의 사실이 알려지고 얼마 지나지 않아 폭스 뉴스는 터커 칼슨을 해고해 버린다. 음모론을 보도해 회사에 큰 누를 끼친 것에 대한 책임을 물었다는 분석이 많았다. 이렇게 미국 우파의 목소리는 하루아침에 잘렸다.

폭스 뉴스가 보수의 목소리라면 반대편에는 CNN이 있다. 한국 시청자들은 CNN 하면 1990년대 걸프전 생중계 기억을 떠올리면서 미국 뉴스 채널의 대명사로 인식하고 있다. 하지만 미국에서는 좀 다른 느낌이다. CNN을 좋아하든 싫어하든 상당수 미국 시청자들은 CNN을 대표적인 정파 언론으로 여기는 경향이 강하다. 친바이든, 친민주당 성향의 진보 언론으로 인식한다. 실제로 CNN 뉴스를 보고 있으면 왜 미국 사람들이 그렇게 인식하는지 쉽게 알 수 있다. 앵커들의 발언이나 뉴스 리포트를 보고 있으면 트럼프에 대한 CNN의 적개심이 얼마나 강한지 쉽게 알 수 있다. 2020년 대선 당시, CNN 개표 방송에 출연한 흑인 정치평론가 밴 존스(Van Jones)가 바이든 당선이 확정되자 눈물 흘리며 기뻐했던 적이 있다. 나도 그 장면을 직접 보며 '저래도 되나' 싶었던 기억이 강렬하게 남아 있다. 이 모습은 이후 미국 시청자들 사이에서도 논란이 되었다.

그 CNN의 프라임 타임 뉴스를 진행했던 흑인 앵커 돈 레몬(Don Lemon)은 CNN의 성향을 정확하게 보여 주는 앵커기도 했다. 그의 발언들이 CNN을 좋아하는 반트럼프 시청자들을 열광시켰기 때문이다. 대담 프로에 출연한 패널들과 함께 트럼프와 트럼프 지지자들을 '무식한 촌사람들'이라 무시하며 함께 조롱하기도 했고, 바이든 당선 확정 이후 뉴스를 진행하며 앵커 스스로가 감격에 겨워했던 일도 유명하다. 더군다나 돈 레몬은 전통 공화당 지지자들이라면 학을 떼는 동성애자였다.

그런데 그도 CNN에서 해고됐다. 그가 해고된 이유 역시, 어쩌면 바이든 때문이라 말할 수 있다. 2023년 2월에 한 발언이 큰 문제가 됐다. 니키 헤일리 전 유엔 미국 대사가 공화당 대선 경선 출마를 선언하며 "75세 넘은 정치인은 정신감정을 해야 한다."라고 말한 적이 있다. 이 발언은 바이든과 트럼프의 나이를 문제 삼은 것이다. 그러자 돈 레몬은 "여성은 20~30대, 또는 40대가 전성기죠."라고 말했다. 바이든을 방어하려다 선을 넘어도 한참 넘은 발언을 해 버린 것이다. 당장 여성 시청자들의 반발이 거세졌고, 일부에서는 CNN 보이콧 운동까지 벌어졌다. 뒤늦게 레몬이 "다른 사람을 공격할 의도는 없었다."라며 해명했지만 이미 사태는 걷잡을 수 없이 커져 버렸다. 결국 CNN은 그에게 해고를 통보했다.

보수와 진보를 대표하던 뉴스 채널의 유명 앵커 두 명이 동시에 해고됐다. 미국 언론에서는 '막말'과 '진영 언론'에 대한 자성이 필요하다는 말이 한때 돌았다. 하지만 이런 자성의 목소리도 잠시였다. 대표 앵커들은

ON AIR: 미국은 내전 중

그 자리에서 물러났지만 폭스 뉴스와 CNN은 여전히 미국 사회에서 진영 언론의 대명사로 통하고 있다. 이유는 단순하다. 2024년, 상대방을 죽여야 내가 살아남는 대통령 선거가 다시 다가오고 있기 때문이다.

3. 유튜브가 위험하다

미국 사회에서 벌어지고 있는 미디어 전쟁은 '레거시 미디어, Legacy media'라고 불리는 기존 미디어 판에서만 그치지 않는다. 미국에서도 소셜 네트워크 서비스 SNS와 '유튜브'는 기존 미디어의 역할을 급속하게 흡수하며 성장하고 있다. 그리고 이곳에서도 진영 간의 전쟁이 시작된 지 오래되었는데 그 영향력은 갈수록 커지고 있다.

2000년대부터 시작된 인터넷 시대는 정보의 유통을 혁신적으로 바꾸었다. 정보의 공급은 이제 일방적으로 이루어지는 것이 아니라 다양한 채널에서 쌍방향으로 이루어지기 시작했다. 모든 사람이 기자, PD가 될 수 있었다. 여기에 2010년대 들어 스마트폰까지 빠르게 보급되자 전 세계 미디어 지형은 가히 혁명적으로 변화했다. SNS와 유튜브의 등장은 신문사나 방송국이 큰 기업의 전유물이 아니라는 것을 선언하는 것과 다름없었다. 누구든 스마트폰만 있으면 직접 방송을 만들고 뉴스를 제작할 수 있었다. 이제 우리는 예전보다 더 쉽게 우크라이나 전쟁의 전황을 영상으로 볼 수 있고 이스라엘의 가자지구 공습 속보를 외신의 속보 타전보다 훨씬 더 빨리 시민 저널리스트의 유튜브 라이브로 접할 수 있게 되었다.

하지만 시간이 지날수록 애초의 순기능보다 유튜브와 SNS가 만들고 있는 저널리즘이 공포로 다가온다. 이러한 두려움은 전문가뿐만 아니라 일반 대중들 사이에서도 급속히 퍼지고 있다. 나 역시 '부작용도 있다'라는 우려 수준을 넘어 이제는 소위 유튜브 저널리즘이 민주주의에 큰 위협이 되고 있다는 문제의식이 생겼다. 유튜브와 SNS 저널리즘은 미국을 비롯한 전 세계 민주주의의 근간을 흔들어 대고 있다.

　이렇게 우려하는 가장 큰 이유는 유튜브와 SNS가 이른바 '가짜 뉴스'의 진원지이자 잘못된 정보의 핵심적인 유통망이 되었기 때문이다. 미국에서 문제가 되었던 몇 가지 가짜 뉴스를 예로 들어보자. 2023년 3월, 도널드 트럼프 전 미국 대통령이 수갑을 차고 경찰에 연행되는 이미지가 SNS를 통해 급속하게 퍼졌다. 당시 트럼프는 성 추문 사건으로 조만간 체포될 수 있다는 이야기가 나올 때였다. 미 전역의 트럼프 지지자들이 이 소식에 반응하며 금방이라도 뉴욕으로 쳐들어올 듯한 분위기까지 연출되었다. 하지만 이 사진은 조작된 이미지로 밝혀졌다. 2016년 대선에서 트럼프 후보의 경쟁자였던 '힐러리 클린턴 전 국무장관이 피자 가게 지하에서 아동 성매매 조직을 운영한다'는 가짜 뉴스도 유명하다. 2016년에 처음 시작된 이 가짜 뉴스는 2020년 대선 무렵 또다시 유튜브와 SNS를 타고 급속히 전파됐다. 당연히 사실이 아닌 가짜 뉴스다. 유튜브와 SNS를 통해 퍼진 가짜 뉴스의 가장 큰 폐해 사례를 들라면 단연코 2020년 대선 부정선거 음모론을 들 수 있다. 당시 트럼프 전 대통령이 대선 결과에 불복한 뒤, 자신의 SNS에 '이번 선거가 부정선거'라는 말을 남기면서 음모론은 시작됐다. 후보가 이렇게 주장하고 나니 유튜브와 SNS에서는 지지자들이 만들어 낸 대통령 선거 음모론 콘텐츠가 순식간에 넘쳐 났다. 폭스 뉴스와 같은 기성 언론이 다시 이를 받아썼다. 이 악순환이 두어 바퀴 돌고 나면 가짜 뉴스는 어느새 진실로 바뀐다. 그래서 2021년 1월 6일 워싱턴 D.C.에서 벌어진 의사당 폭동 사태 역시 유튜브와 SNS 때문에 발생한 것이라는 말까지 나왔다.

특히 유튜브가 더 우려스러운 이유는 바로 '추천 알고리즘'이 존재하기 때문이다. 팀 풀(Tim Pool)은 미국에서 유명한 유튜버다. 그는 'Timcast IRL'을 비롯해 무려 5개의 유튜브 채널을 운영하고 있다. 그의 콘텐츠에는 극단적인 인종 혐오와 정치적 증오가 넘쳐난다. 그의 방송에 따르면 지난 2020년 대통령 선거는 명백한 부정선거였다. 구독자들이 보고 또 듣고 싶어 하는 이야기를 기본적인 팩트 확인도 없이 유튜브를 통해 떠들어 대며 전파한다. 사람들은 열광한다. 수백만 명의 구독자를 가지고 있기에 웬만한 기성 언론보다 더 강력한 여론 형성의 힘을 가지고 있다. 그리고 유튜브 시청자가 늘어날수록 엄청난 수익이 창출된다. 유튜브는 기록을 기반으로 이 시청자의 동영상 시청 행태를 분석한다. 그리고 추천 알고리즘에 따라 유사한 내용이지만 더 자극적인 내용의 다른 콘텐츠들을 시청자에게 권유한다. 이러는 사이 시청자 개인이 가지고 있던 의심이나 심증은 확신으로 변하는 확증 편향 현상이 더욱 강화된다. 상대방의 주장을 들어보려는 노력은 사라지고, 본인이 믿는 것에 대한 이의 제기는 모두 거짓에 기반한 공격으로 치부한다. 반대 주장을 하는 사람들은 나의 적이 되어 버린다.

2023년 8월, 스탠퍼드 대학교의 저명한 정치학자 제임스 피시킨(James

ON AIR: 미국은 내전 중

Fishkin) 교수를 인터뷰한 적이 있다. 그는 세계 최초로 '공론 조사'라는 여론조사 기법을 만든 것으로 한국뿐만 아니라 전 세계적으로도 아주 유명한 석학이다. 그와 촬영 주제와 관련한 인터뷰를 마치고 시간이 남아 평소 궁금하던 것들을 몇 가지 질문했다. 미국의 민주주의를 위협하고 있는 가장 큰 문제가 무엇인지 물어보자 그는 망설임 없이 '유튜브'라 답했다. 최근 미국 대학의 정치학자나 언론학자들은 유튜브 저널리즘의 위험성을 알리는 보고서나 논문을 경쟁하듯이 펴내고 있다.

비단 미국만 그런 건 아니다. 이러한 유튜브나 SNS의 폐해는 보수 진보 모든 진영에서 나타나고 있으며, 한국을 포함한 전 세계적인 현상으로 굳어졌다. 2023년 11월 7일 세계 주요 언론에 이런 기사가 보도됐다. '세계 시민의 85%는 SNS 가짜 뉴스 우려'라는 제목의 기사였다. 유네스코 의뢰로 여론조사기관 입소스(Ipsos)가 실시한 전 세계 16개국의 조사 결과에 관한 내용이었다. 미국, 멕시코, 인도 등 2024년에 대선이나 총선이 실시되는 나라의 유권자를 대상으로 한 여론조사에서 조사 대상자 8,000명 가운데 85% 이상이 온라인 가짜 뉴스가 걱정된다고 답했다. 그리고 응답자의 87%는 허위 정보가 이미 자국 정치에 큰 영향을 미쳤으며, 2024년 선거 결과에도 영향을 줄 것으로 예상했다. 기술의 진보가 증오에 기반한 미디어 전쟁의 양상을 더욱 타락시키며 민주주의를 위협하고 있다.

4. 정쟁화된 방역

내가 뉴욕 PD 특파원으로 근무한 3년 중 상당 기간은 코로나와 함께했다고 해도 과언이 아니다. 2020년 7월에 부임했는데 불과 2~3달 전까지만 해도 뉴욕은 전 세계에서 가장 처참한 도시였다. 세계에서 가장 활발한 거리였던 뉴욕 맨해튼은 텅 비었고, 시내의 모든 병원은 코로나19로 죽어가는 사람들로 가득 찼다. 맨해튼에서 유명한 종합병원 중 하나인 마운트 시나이 병원, 그곳의 호흡기내과 의사 패트릭 채는 인터뷰에서 그때를 이렇게 회상했다. "의료진 모두 압도되어 버렸어요. 마치 인류 종말에 대한 영화를 보는 것 같았어요."

공포는 2020년 여름에도 계속되었다. 기하급수적으로 늘어나던 감염자와 사망자는 조금 줄었다지만 여전히 장례를 치르지 못한 시신들이 냉동 컨테이너에 실린 채 도시 곳곳에 보관되어 있었다. 사람들은 가족과 친구들을 잃은 슬픔과 충격으로 거리에 나올 용기를 잃어버렸다. 심지어 30만 명에 가까운 시민들이 바이러스를 피해 대도시 뉴욕을 떠났다. 911테러 이후, 최악의 상황이었다. 그때 가족들을 이끌고 뉴욕에 왔으니 나 역시 멘탈을 제대로 잡고 지내는 게 쉽지 않았다. 스스로와 가족들을 지키면서 이곳에서 살아남아야 한다는 긴장과 불안의 연속, 스트레스가 엄청났다. 특히 미국인 대부분이 재택근무를 하던 시기였지만 영상 매체 종사자라는 이유로 늘 현장에 나가야 한다는 부담감이 어깨를 짓눌렀다. 하지만 코로나19라는 미증유의 위기에 봉착한 '미국'을 있는 그대로 보고 듣고 또 느낄 수 있던 시간이기도 했다. 재난 상황에서도 피어난 시민들의 연대를 보며 감동했고, 또 가족을 잃은 슬픔에 잠긴 뉴욕 시민들과 함께 눈물 흘리기도 했다. 하지만 안타깝게도 미국의 코로나19 상황을 최전선에서 지켜보며 가장 많이 든 생각은 '미국은 방역마저 분열됐구나!'였다.

코로나19 관련 취재를 위해 전문가들을 많이 인터뷰했다. 컬럼비아대나 예일대의 전염병 전문가들에게 주로 도움을 받았다. 하지만 제일 기억나는 건 역시 앤서니 파우치(Anthony Fauci) 미국 국립알레르기전염병연구소(CDC) 소장과의 인터뷰였다. 「생로병사의 비밀」의 코로나19 특집편 때문에 생긴 기회. 몇 달에 걸친 설득 끝에 성사된 그와의 화상 인터뷰는 2022년 5월 31일에 이루어졌다. 코로나19 방역을 둘러싼 미국 사회의 분열을 이야기하면서 왜 갑자기 파우치 박사를 이야기하는지 궁금해하는 독자들이 있을 것이다. 이유는 간단하다. 코로나19 팬데믹 기간 내내, 미국 방역의 상징과도 같은 파우치 박사를 어떻게 보느냐에 따라 미국의 여론은 극명하게 나누어졌다.

연초부터 시작된 코로나19 백신 접종의 속도가 더뎌지기 시작했던 2021년 8월 9일, 뉴욕 시청 앞에서 집회가 벌어졌다. 평일 오전이었지만 수백 명이 넘게 참석했다. 이들은 마스크 착용이나 백신 접종 강제화 등 정부의 방역 정책을 강력히 규탄했다. 개인의 자유를 침해한다는 이유였다. 무엇보다 시위대는 방역 정책을 진두지휘하고 있던 앤서니 파우치 박사에 대해 노골적이고 원색적인 비난을 퍼부었다. 파우치 박사의 사진 위에 온갖 조롱하는 낙서를 그려 넣은 피켓들도 보였다. 그곳에서 만난 한 시민은 이렇게 외쳤다. "파우치를 해고하라, Fxxk you, 파우치, 지난 1년 동안 당신이 나라를 망쳤어!" 정치인들도 마찬가지였다. 특히 트럼프 전 대통령은 현직 시절부터 국립 연구소의 소장이었던 파우치를 향해 온갖 조롱과 비난을 멈추지 않았다. 참모들과의 회의에서 트럼프가 "사람들은 파우치와 모든 멍청이의 얘기를 듣는 데 진절머리를 낸다."라고 말했던 일화는 유명하다. 민주당과 바이든이 방역을 강조하니 정치적 반대 진영에 있던 사람들은 과학 방역의 상징과도 같았던 파우치를 함께 공격했다. 반대파가 말하는 건 모두 거짓말이 되었던 상황. 트럼프를 지지하는 절반의 미국인들은 파우치 박사를 조롱하고 무시했다. 재난 상황에서 과학마저도 이렇게 분열될 수 있다는 사실이 그저 놀라웠다. 파우치 박사는 본인을 둘러싼 이런 사회적 갈등을 어떻게 느끼고 있을까. 직접 물어봤다. "당신의 방역 정책에 대한 비판이나 반감도 적지 않았습니다. 심지어 개인적인 공격도 많았습니다. 어떠셨나요?"라고 내가 물으니 파우치 박사는 이런 질문 많이 받아 봤다는 듯, 쿨하게 답했다. "나는 그저 순간순간 과학적인 팩트에 충실했고 정직했답니다."

하지만 파우치 박사의 이런 냉정함과는 달리 코로나19를 둘러싼 미국인들의 분열은 핫해도 너무 뜨거웠다. 특히 백신 접종을 둘러싼 갈등은 상상을 초월했다. 백신 접종을 절대 할 수 없다는 한 뉴욕 시민을 취재한 적이 있었다. 뉴욕시 퀸즈에 사는 세자르 만지 씨, 그의 집을 찾았다. 그는 "백신 접종을 절대 의무화해서는 안 된다고 생각합니다. 그건 개인의 결

ON AIR: 미국은 내전 중

정에 따라야 합니다." 안경사로 일하는, 즉 서비스업 종사자인 세자르 씨였지만 백신 접종까지 하며 일할 생각은 없다고 목소리를 높였다. 왜 백신 접종을 그토록 격렬하게 거부하는 걸까. 한 시간 정도 그의 이야기를 들으며 다시 한번 나는 큰 충격에 휩싸였다. 그의 생각은 이랬다. "제약회사들이 새로운 질병을 지금 만들고 있습니다. 그리고 사람들을 공포에 빠트립니다. 그렇죠? TV에 대규모 광고를 하고 여기저기 홍보물을 붙여 놓고요. 그리고 전 세계 의사들을 초대합니다. 지금 만들어지는 백신, 이 모든 게 다 돈을 벌기 위한 겁니다." 물론 백신 판매로 많은 제약사가 큰돈을 벌었으나, 팬데믹 자체가 미리 계획된 사기극이라는 주장은 나가도 너무 나갔다. 그는 한술 더 떴다. "백신으로 사람의 DNA를 바꾸려는 세력이 있어요. 그래서 특정한 인종이나 계층을 다 말살하는 거죠. 아마도 과학소설같이 들릴 겁니다. 하지만 사실입니다. 백신이 지구의 인구 규모도 조절할 겁니다." 나에게는 허무맹랑한 음모론 그 이상도 이하도 아니었다.

미국인들 사이에서 퍼지던 백신 음모론은 2021년 여름 절정을 이루었다. 역시나 SNS와 유튜브가 이런 음모론들의 주 무대였다. 별의별 음모론이 다 퍼졌다. 2021년 8월 6일, 『뉴욕 타임스』에는 심지어 이런 기사가 실렸다. '영화 「나는 전설이다」(I Am Legend)처럼 백신 때문에 좀비처럼 변할 수 있다'라는 음모론이 확산하고 있다는 내용이었다. 실제로 백신을 맞으면 좀비가 된다는 소문이 미국인들 사이에서 크게 유행했다. 이 영화의 각본을 쓴 사람이 "영화는 제가 꾸며 낸 이야기입니다. 실제 상황이 아닙니다."라고 트위터에 직접 해명하는 일까지 벌어졌다.

음모론이 판을 친다는 것은 어떤 의미일까. 미국 사회 내에서 기본적인 신뢰가 무너졌다는 뜻이 아닐까. 컬럼비아대 전염병학 교수 수잔 마이클스 스트레서는 나에게 이렇게 말했다. "음모론은 두려움과 잘못된 정보에서 시작됩니다. 그리고 이 문제에 있어서 소셜 미디어는 우리에게 도움이 안 되고 있습니다." 그렇다. 두려움과 잘못된 정보가 판을 쳤다. 문제는 서로에 대한 증오만을 내세운 정치권과 검증을 포기한 미디어들이 앞장서서 '방역'도 분열시켰다는 데 있다.

코로나19가 유행하던 시기, 미국 곳곳 취재를 다니며 내가 공통으로 경험했던 일이 하나 있다. 사람들의 정치적 성향이나 지지 정당에 따라 마스크를 쓰느냐 아니냐가 확연하게 나뉘는 신비한(?) 경험이었다. 같은 도시에 살며 같은 방역 환경에 처해 있는 사람일지라도 오로지 자신의 정치적 성향에 따라 마스크를 쓸 것인가를 결정했다. 주로 바이든을 지지하는 사람들은 마스크를 썼다. 보통의 한국 사람들이 그랬던 것처럼 말이다. 하지만 트럼프를 지지하는 사람들은 정반대였다. 트럼프에 대한 지지가 강할수록 마스크에 대한 거부감도 정확히 비례했다. 심지어 취재 현장에서 마스크를 쓰고 있는 외국 언론인인 나에게도 마스크를 벗으라 윽박지르던 사람들도 있었다. "이 무식한 사람아, 왜 마스크를 쓰는 겁니까. 코로나19 바이러스는 아무것도 아니에요. 마스크 벗어요!"라고.

미국은 코로나19로 117만 명이 넘는 사람이 사망했을 정도로 세계에서 가장 큰 피해를 본 나라이다. 세계 최강대국이라는 '미국'의 의료 시스템은 처절하게 무너졌다. 왜 이렇게 피해가 컸을까. 나는 단연코 방역에 대한 여론 분열이 이런 처참한 피해를 가져온 데 큰 영향을 끼쳤다고 생각한다. 우리나라와 비교해 보면 더욱 극명하게 그 차이가 드러난다. 대한민국도 보수와 진보, 혹은 세대 사이에 정치적 견해의 차이는 크다. 하지만 최소한 방역에 대한 의견만큼은 큰 차이가 없었다. 미국은 달라도 너무 달랐다. 아무리 뛰어난 의학 기술과 자본력이 있는 미국일지라도 국민이 극단적으로 나뉘어져 있는 상황에서 일관된 방역 정책을 펼치는 건 불가능한 일이었다. 그래서 나는 미국이 코로나19와의 전쟁에서 처절하게 패배한 이유는 바로 '분열' 때문이라고 생각한다. 내 의견을 파우치 박사에게도 물어봤다. 그도 이렇게 말했다. "미국은 과학을 믿지 못하는 사람들 때문에 방역에 큰 실패를 경험했습니다. 한국은 그에 반해 정말 훌륭하게 코로나19를 이겨냈습니다."

5. 기후 위기, 진짜 위기인가? 음모인가?

2023년 6월 8일이었다. 맨해튼 사무실로 출근해 보니 하늘은 점점 뿌옇게 변하고 있었고, 마치 장작을 태우는 듯한 퀴퀴한 냄새가 사무실 창문을 타고 들어오는 걸 느꼈다. 한두 시간이 지나니 상황은 훨씬 심각해졌다. TV에서는 뉴욕과 뉴저지 등 미국 북동부 지역에 사는 주민들은 외출을 삼가라는 경고 방송이 계속됐다. 하지만 우리와 같은 언론인들은 이런 일이 생기면 오히려 현장에 가 보는 것이 당연한 일. 카메라 감독과 함께 서둘러 거리로 나가 봤다.

불과 10미터 앞도 보이지 않을 정도로 공기 질은 나빴다. 팬데믹이 종료되며 거리에서 사라졌던 마스크, 하지만 많은 시민이 서랍 속에 있던 마스크를 다시 꺼내 쓰고 종종걸음으로 서둘러 귀가하고 있었다. 하늘을 바라보았다. 구름 한 점 없던 하늘이었는데 머리 위에 보이는 태양은 마치 두꺼운 선글라스를 끼고 쳐다볼 때나 느껴지는 수준의 흐릿한 점에 불과했다. 한국에서 독한 미세먼지도 많이 겪어 봤지만 당시 뉴욕의 미세먼지와 대기 상태는 차원이 달랐다. 거리 풍경과 대기 오염 상태를 30분 정도 촬영했다. 그랬더니 두통이 시작되고 속이 메스꺼워졌다. 동료들과 "마치 지구 종말의 날이 온 것 같네."라는 무서운 농담을 주고받았다. 이날 뉴욕의 대기 질은 50년 만에 최악을 기록했다. 이런 상황은 그 뒤로도 나빠졌다 좋았다 반복하며 며칠 동안 계속되었다. 거대한 스모그 띠는 기류의 영향을 받으며 한동안 미국 전역을 헤집고 다녔다.

ON AIR: 미국은 내전 중

뉴욕 시내를 뒤덮었던 최악의 스모그가 시작된 곳은 캐나다였다. 퀘벡을 비롯한 캐나다 동부에서 400여 건의 산불이 동시다발적으로 발생했다. 이 전대미문의 산불로 남한 면적보다 넓은 산림이 두세 달 동안 계속 불탔다. 산불로 인한 연기가 바람을 타고 남쪽으로 와 미국을 덮친 것이다. 그래서 뿌연 연기와 함께 나무가 타는 듯한 냄새가 심하게 났던 거다.

산불은 왜 발생했고 두세 달 동안이나 계속된 이유는 무엇일까. 전문가들은 이구동성으로 기후 위기를 이유로 들고 있다. 기후변화로 인해 덥고 건조한 날씨가 오랫동안 계속되면서 대기 중에 있던 습기를 제거했고, 메마른 산림에 불이 나자 강한 바람을 타고 빠른 속도로 불이 번졌다는 것이다. 예전에도 산불은 종종 났다. 하지만 과거 산불은 이 정도로 통제 불능 수준은 아니었다. 이제는 기후변화로 인해 산불도 인간의 통제 범위를 넘어선 것이다.

미국에서 근무했던 3년 동안 수많은 기상 이변을 직접 목격했다. 2021년 9월, 뉴욕과 뉴저지에 기록적인 폭우가 내렸다. 지하철이 물에 잠기고 곳곳의 가로수는 쓰러져 수십만 채의 주택이 부서지거나 정전 사태를 겪었다. 다행히 우리 가족이 살던 집은 피해가 없었지만 여러 이웃이 심각한 침수 피해를 봤다. 친하게 지내던 한 한국 교포 가정은 산 지 얼마 되지도 않은 자동차가 물에 잠겨 폐차시켰다. 다른 지인은 집이 완전히 물에 잠겨 복구가 엄두가 나지 않는다며 아예 집을 다시 구해 이사해야만 했다. 매해 서부에서는 역사상 최악의 산불이 계속됐다. 2023년 여름에는 하와이에

산불이 발생해 380여 명의 주민이 사망하거나 실종되었다. 2021년 2월, 텍사스에 극심한 한파가 들이닥쳐 기온이 영하 20도 미만까지 떨어졌다. 덥기로 유명한 이 지역에서 얼음이 얼고 발전 시설이 폐쇄돼 수백만 명의 주민들이 피해를 보았다. 전에 볼 수 없었던 기상이변이 수시로, 곳곳에서 벌어졌다. 나이 지긋한 한 미국인 이웃은 "10년에 한 번씩 일어났던 일이 이제는 일 년에도 몇 번씩 벌어진다."라며 무서워했다.

하지만 여기서도 우리는 심각한 분열을 목격한다. 뉴욕에 닥친 스모그 현상을 바라보는 시각, 나아가 기후 위기를 둘러싼 미국의 여론은 극단적으로 양분되어 있다. 트럼프 전 대통령을 공개적으로 지지했던 언론사 『뉴욕 포스트』(New York Post, 한국인들에게 친숙한 뉴욕 타임스가 아니라 뉴욕 포스트)'를 살펴보자. 뉴욕 포스트는 사건 및 사고 기사를 재빨리 보도하는 매체라 나도 취재 아이템을 찾을 때 자주 읽어 보던 매체이기도 하다. 2023년 6월 7일 뉴욕 포스트에는 이런 기사가 실렸다. "Smoky New York isn't climate change-It's bad forest management, 스모그로 가득 찬 뉴욕 사태는 기후변화가 아니라 잘못된 숲 관리 때문에 발생했다." 상당수 언론이 기후변화를 캐나다 산불 사태의 원인으로 분석한 것과는 정반대의 견해였다.

기후 위기를 둘러싼 정치권의 견해차는 더욱더 극적이다. 2023년 8월 23일, 미국 위스콘신주 밀워키에서 2024년 대통령 선거에 나설 공화당 후보를 뽑기 위한 1차 토론회가 열렸다. 공화당 내에서 압도적인 인기를 끌고 있던 트럼프 전 대통령은 이날 토론회에 참석하지 않았다. 이 때문에 김이 빠져버린 토론회였지만 아주 흥미로운 지점을 하나 찾아냈다. 바로 기후변화에 대한 후보들의 의견이었다. 사회자가 물었다. "기후 위기가 인류의 탓이라고 생각하시나요? 그렇게 생각한다면 손을 들어 주세요." 트럼프를 빼고도 무려 8명의 후보가 참여한 토론이었지만 이들 중 이 질문에 손을 든 이는 단 한 명도 없었다. 기후 위기에 대한 짧은 토론이 이어졌다. 이후 토론 내용은 더 놀라웠다. 기후 위기에 대한 원인은 차치하고 실제로 기후 위기가 존재한다고 생각한 후보도 8명 중 단 한 명이었다. 트럼프 행정부 시절 유엔 대사를 지냈던 니키 헤일리만 '기후 위기가 실재'라고 언급하며 "(탄소) 배출을 줄이는 건 중국과 인도에 달려 있다."라고 했다. 미국의 책임이나 대책에 대해서는 말하지 않았다. 헤일리 전 대사와 함께 한때 각종 여론조사에서 2위권을 형성했던 플로리다 주지자 론 디샌티스는 산불에 대한 바이든 정부의 대처를 비판하며 기후 위기 원인에 대한 즉각적인 답변을 피했다. 이 토론회에 참가한 후보 중에는 바이오 테크기업 '로이반트 사이언스' CEO 출신인 인도계 비벡 라마스와미(Vivek Ramaswamy)도 있었다. 38세 젊은 나이에다 인도계 억만장자, 트럼프 전 대통령을 "21세기 최고의 대통령"이라고 말할 만큼 트럼프 추종자인 비벡 라마스와미. 기후변화에 대한 그의 의견이 토론회 이후 언론의 큰 관심을 모았다. 그는 단호하게 말했다. "기후 위기는 사기(hoax)입니다."

트럼프 전 대통령도 기후 위기에 대한 전문가들의 분석에 동의하지 않는다. 트럼프는 평소에도 "핵전쟁 위협이 지구온난화 위험보다 훨씬 큽니다."라고 주장한다. 2016년 대통령 선거를 앞둔 후보 시절, 지구온난화의 원인이 탄소 배출 때문이라는 주장은 '사기'라고 발언하기도 했다. 대통령이 된 이후에도 기후 위기를 과소평가하면서 기후변화에 대한 대책을 우선 정책 순위에서 아예 빼버렸다. 심지어 트럼프는 2019년 11월, 파리기후변화협약을 공식적으로 탈퇴했다. 전 세계가 지구의 평균기온 상승폭을 1.5도 이하로 제한하기 위해 온실가스 감축에 참여하는 것이 핵심인 이 협약에서 미국이 탈퇴하자 전 세계는 큰 충격을 받았다. 트럼프처럼 기후 위기가 과장되었거나 심지어 사기라고 주장하는 사람들 주장의 핵심은 간단하다. "역사적으로 지구의 기온이 오르고 내렸던 것은 여러 번 반복되었던 거라 호들갑을 떨 필요가 없다."

과학자들의 경고와 객관적인 통계에도 불구하고 미국 정치권에서 기후 위기에 대한 원인과 대응에 대한 견해가 이렇게 차이 나는 이유는 무엇일까. 바로 기후 위기 문제에 대한 해법이 유권자들의 이해관계와 직결되기 때문이다. 그리고 이는 지지층의 투표로 연결된다. 기후 위기가 인간의 무분별한 탄소 배출 때문이라고 인정하는 사람들은 주로 민주당 지지자들이다. 그런데 그 논리를 인정하기 시작하면 새로운 문제들이 발생한다. 우선 석탄 사용을 줄여야 하고 새로운 대체 에너지를 개발해야 한다. 더군다나 모든 인간은 지금까지 누려 오던 소비를 자제해야만 한다. 당연히 비용은 증가할 것이며 소비자들의 불만 또한 커질 수 있다. 특히 트럼프 전 대통령의 주요 지지 기반인 백인 노동자 계층에게는 청천벽력 같은 이야기다. 상당수가 주로 석탄 산업에 기반한 제조업에 종사하고 있기 때문이

ON AIR: 미국은 내전 중

다. 기후 위기를 인정하는 순간, 자신들이 일하고 있는 산업의 존재 이유가 위협받게 된다. 거기다 비용까지 증가하게 되니 이들에게는 기후 위기 자체가 절대 수긍할 수 없는 사기극이 된다. 과학적으로 어느 정도 확립된 기후변화에 대한 원인 분석 자체도 인정하지 않는다. 기후 위기가 심각하고 지금 당장 행동해야 한다고 여기는 사람들은 기후 위기의 실체도 인정하지 않는 사람들을 조롱하고 배척한다. 계속 이야기하듯이 지금 미국에서 토론이나 설득은 설 자리가 없다. 상호 비난과 갈등만 존재한다. 그 차이는 점점 벌어지더니 이제 '기후 위기는 실재하는 위기인가? 아니면 음모인가?'라는 양극단의 입장만 남게 됐다.

2020년 대선에서 승리한 바이든 대통령은 취임하자마자 전임자의 환경 정책을 모두 뒤집었다. 2021년 1월, 미국은 파리기후변화협약에 복귀했고 트럼프 전 대통령이 폐지한 국가환경정책법의 일부도 복원했다. 우리나라 사람들이 전기차에 대한 보조금 문제로 이해하고 있는 인플레이션감축법안(IRA)도 사실 바이든 행정부의 대표적인 기후 위기 대응 법안이다. 미국의 온실가스를 줄이기 위해 2030년까지 10년 동안 3,690억 달러(한화 약 480조 원) 규모의 재정을 투입하는 것이 이 법안의 핵심 내용이다. 하지만 이 책 앞부분에서 이야기했듯이 만약 2024년 대선에서 트럼프가 당선되면 환경과 관련한 미국의 정책은 다시 극적으로 뒤집힐 것이다.

6. 미국인들의 이중성, 음식물 쓰레기 분리수거

한국에 복귀하자 재활용·음식물 쓰레기 분리수거는 1주일마다 반복되는 나의 중요한 임무로 다시 돌아왔다. 그런데 한국에서 쓰레기를 분리수거할 때마다 떠오르는 생각이 있다. "이렇게 우리가 아등바등 분리수거 잘하면 뭐 하나. 미국에서 저러고 있는데…." 미국 생활을 잠시라도 해 본 사람들은 이 말이 무슨 뜻인지 잘 알 것이다.

맨해튼 중앙을 차지하고 있는 센트럴파크 서쪽 거리에서 만났던 안나 삭스 씨가 생각났다. 그녀는 쓰레기를 뒤지고 있었다. 1주일에 최소한 2번씩 밤마다 마치 노숙인처럼 맨해튼 거리 이곳저곳 쓰레기들을 뒤지고 다닌다. 그녀는 미국 언론에서도 자주 소개된 일명 "쓰레기 산책가"로 유명한 사람이다. 직접 쓰레기들을 휘젓고 다니며 인간이 얼마나 무절제하게 소비하고 있는지 사람들에게 알린다. 방송 출연, 언론 기고, 각종 캠페인 등 다양한 활동을 한다. 서울 본사의 다큐멘터리 프로그램 「환경스페셜」에서 안나 삭스 씨를 취재해 달라고 의뢰가 왔다. 인간의 무절제한 소비를 신랄하게 고발하는 환경 다큐멘터리였다. 미국 현지 취재를 맡았다.

안나 삭스와 만났던 날은 2022년 1월 23일, 기온이 영하로 떨어졌던 추운 날이었다. 하지만 안나는 아랑곳하지 않고 맨해튼 95번가 서쪽 길에서 쓰레기를 뒤지고 있었다. 늦은 밤, 가정이나 식당에서 내놓은 쓰레기봉투들이 길가에 수북하게 쌓여 있었다. 봉투 하나하나 직접 열어 보니 여전히 쓸만한 생필품들이나 옷이 무더기로 나왔다. 안나 씨는 쓸 만한 물건이 보이면 자기가 가져온 카트에 직접 챙기며 "이런 물건은 제가 직접 쓰거나 이웃에 줄 수도 있어요. 아니면 다른 곳에 기부하려고요."라고 말했다.

자리를 옮겨 함께 식당 거리로 가 봤다. 그녀는 나에게 이제부터 더 놀랄 거라고 말했다. 이름만 대도 알 만한 프랜차이즈 치킨집 앞. 영업이 끝나고 그곳에서 버린 일반 쓰레기봉투를 같이 열어 봤다. 봉투의 절반이 먹다 남은 치킨이었다. 먹지도 않고 상자 그대로 봉투에 넣어진 것들도 있었다. 그 옆에는 대형 마트가 있었다. 몇 개나 되는 대형 쓰레기봉투에서 포장 용기에 약간 흠이 생겼거나 유통기한이 하루 이틀 남은 음식물들이 대량으로 나왔다. 당일 판매되지 못했거나 외관에 문제가 있어서 버린 것들로 보였다.

이쯤에서 많은 사람이 의문을 가질 것이다. 왜 별도의 음식물 쓰레기봉투가 아닌 일반 쓰레기봉투에 음식물이 버려져 있는 것일까? 미국은 여전히 음식물 분리수거가 법제화되어 있지 않아 의무 사항이 아니다. 대형 사업장의 경우, 음식물 쓰레기를 분리해야 있지만, 일반 가정집이나 식당 혹은 중소형 업소는 그럴 필요가 없다. 그래서 사람들은 음식물 쓰레기를 분리하지 않고 다른 일반 쓰레기와 합쳐서 그냥 버린다. 두 시간쯤 촬영하면서 수십 개의 쓰레기봉투를 열어 봤는데 하나도 빠짐없이 그 안에서 음식물 쓰레기가 나왔다. 그녀는 오늘도 쓰레기를 뒤지며 화가 많이 난다며 "뉴욕시에서 나오는 생활 쓰레기 중 1/3은 기본적으로 퇴비화가 가능한 유기물(음식물 쓰레기 등)로 구성되어 있습니다."라고 했다. 길모퉁이에서 봉투를 뒤지던 그녀가 나를 급하게 불렀다. "여기에는 돼지고기가 들어 있네요." 바로 이웃에 있는 한 정육점에서 나온 쓰레기봉투였다. 돼지 한 마리를 해체하고 난 뒤, 판매할 부위의 고기들을 제외한 부속물을 그냥 일반 쓰레기봉투에 넣어 버린 것이다. 한국 사람들이 좋아하는 돼지머리부터 온갖 내장들이 그대로 담겨 있었다.

그런데 그때 예상치 못한 일이 발생했다. 주변 식당들이 한참 전에 문을 닫은 뒤라 아무도 없는 줄 알았는데 갑자기 옆 식당 주인이 욕설을 퍼부으며 우리에게 다가왔다. 한 손으로는 스마트폰으로 우리를 촬영하며 다른 한 손으로는 삿대질하기 시작했다. 사유재산 침해로 경찰에 지금 바로 신고하겠다는 것. 안나 삭스 씨와 나는 차분하게 음식물 쓰레기 실태를 알아보기 위한 취재를 하고 있다고 말했지만, 화가 난 식당 주인은 우리에게 주먹이라도 휘두를 기세였다. 자칫하면 불상사가 생길 분위기라 촬영을 중단하고 급히 자리를 옮겼다.

삭스는 한숨을 돌리더니 "미국인들이 쓰레기 문제에 있어 정말 이중적이에요."라며 목소리를 높였다. 세계에서 가장 부자인 나라, 그중에서 가장 풍요로운 도시이자 시민 의식도 선진적이라 자부하는 뉴욕. 그런데 여기서도 여전히 음식물 쓰레기 분리수거를 하지 않는다는 사실은 미국 생활을 하며 내가 느꼈던 가장 큰 배신감에 속했다. 기후변화를 비롯한 환경 의제에 대해 가장 적극적이라는 뉴욕 사람들도 이 정도이니 다른 지역의

ON AIR: 미국은 내전 중

분위기는 말할 것도 없었다. 미국인들은 막상 본인들의 불편 앞에서는 철저하게 후진적이었다. 기후 위기를 걱정하며 다른 나라들의 탄소 배출을 강제하면서도 한국, 일본, 대만 등 아시아 국가들에서 10여 년 전에 이미 도입된 음식물 쓰레기 분리수거도 아직 시작하지 못한 곳이 바로 미국이다. 왜냐면 미국인들이 원하지 않기 때문이다. 불편하니까. 그나마 재활용 쓰레기 분리수거는 강제화되어 있어 조금씩 자리를 잡고 있다. 하지만 음식물 쓰레기 분리수거는 언제 시행될지 여전히 감감무소식이다.

이렇게 마구잡이 버려진 음식물 쓰레기와 생활 쓰레기의 일부는 소각장으로 가지만 대부분은 매립장으로 향한다. 미국에는 아직도 쓰레기를 묻을 땅이 많이 남아 있다. 만에 하나 미국 내에서 처리하기 힘든 독성 쓰레기라면 외국에 수출해 버린다. 환경운동가 안나 삭스 씨는 "사람들이 일반적으로 쓰레기가 어디로 가는지 이해하지 못한다고 생각합니다. 결국 사람들이 쓰레기는 그냥 사라지는 것이 아니라 매립장이나 소각장으로 간다는 것을 알아야 해요."라고 강조했다.

영하 20도가 넘는 날씨, 길은 어제 내린 눈으로 뒤덮여 있었다. 뉴욕시에서 차로 4시간 가량 이동해 도착한 뉴욕주 스튜벤 카운티(Steuben Country)의 쓰레기 매립장. 숨을 쉴 때마다 콧바람이 바로 얼어 버려 코 밑에 얼음이 어는 최강의 한파가 불어닥친 날이었다. 하지만 음식물 쓰레기의 맛을 보려는 까마귀 떼가 매립장 위를 무리를 지어 빙빙 돌고 있었다. 형용하기 힘든 악취도 진동했다.

한 시간에 한 번씩 도착하는 쓰레기차는 뉴욕을 비롯한 인근 지역에서 오는 생활 쓰레기들을 토해 내고 있었다. 지금 막 트럭에서 버리고 간 쓰레기들을 뒤져 봤다. 쓸만한 재활용품들이 많이 보였다. 역시 예상대로 음식물 쓰레기도 곳곳에서 나왔다. 심지어 포장을 뜯지도 않은 음식들이 많았다. 피자, 치킨, 햄버거… 미국인들이 뭘 먹고 사는지 금방 파악될 정도였다. 음식물 쓰레기와 일반 생활 쓰레기는 별도의 분리 절차 없이 그냥 매립되고 있었다.

뉴욕시 위생국의 통계에 따르면 뉴욕시가 배출하는 쓰레기는 하루 1만 2,000톤에 달한다. 그런데 이 중 75%는 별도 재생 절차를 거치지 않고 인근 지역의 매립장들로 옮겨 그대로 묻힌다. 음식물 쓰레기도 함께 섞여 매립된다. 2021년 미국 정부의 통계에 따르면 미국 전역에 이런 쓰레기 매립장이 1,250여 군데 있다. 여전히 미국 내 쓰레기 처리 상당 부분을 담당하는 매립장.

하지만 쓰레기를 매립한다고 환경에 미치는 악영향이 사라지는 것이 절대 아니다. 음식물 쓰레기를 매립하면 어떤 문제가 생기는지 매립장에서 일하는 환경 공무원에게 직접 물어봤다. 혹한 속에서도 두 시간 가량 취재를 도와주던 '리처드 빌스'라는 공무원의 답은 명쾌했다. "유기물(음식물 쓰레기)은 부패하면서 이산화탄소보다 21배 강한 메탄가스를 뿜어낸다고 합니다." 음식물쓰레기는 분리수거만 제대로 하면 이렇게 매립할 필요가 없다. 결국 음식물 분리수거를 포기한 채, 세계 최대 소비국 미국에서 마구 버려진 음식이 지구온난화를 부추기고 있다.

취재 중 만난 한 전문가는 다른 문제도 제기했다. 영상 인터뷰로 만난 에밀리 브로드 레이브(Emily Broad Leib) 하버드대 로스쿨 식품법정책클리닉 교수는 이렇게 말했다. "음식물 쓰레기를 생각할 때 가장 실망스러운 것은 전 세계적으로 한 해 버려지는 음식물의 양이 13억 톤으로 인류 전체 식량 공급량의 1/3에 해당한다는 것입니다. 그런데 통계에 따르면 전세계 8억 명이 넘는 사람들이 굶주리고 있습니다." 음식물 쓰레기는 온난화를 부추겨 기후 위기를 악화시키는 데다 심각한 식량 자원의 불균형까지 초래하고 있다. 유엔 식량안보위원회의 2020년 자료를 찾아보니 아직도 지구 어딘가에서 8억 명 이상의 인구가 끼니를 걱정하고 있다. 그런데 세계 식량 공급량의 1/3이 그냥 버려지고 있다고 하니, 20억 인분 이상의 음식이 그냥 버려지고 있다는 말이다.

기후 위기를 대하는 미국의 이중성은 위기가 실재하는 것으로 보는지, 아니면 음모론으로 보는지에 따라 나눠진다. 하지만 그나마 기후 위기를 인정하는 사람들조차 본인의 불편 앞에서는 이기적으로 변해 버린다. 세계 최고 시민이라는 자부심도 바로 내던져 버린다. 그나마 뉴욕을 비롯한 몇몇 대도시는 시범적으로 음식물 분리수거를 시작하며 길거리 곳곳에 음식물 쓰레기 자율 분리수거 통을 만들기 시작했다. 2021년 연말부터 이제도를 시작한 뉴욕시, 하지만 전용 애플리케이션을 이용해 사전 등록한 시민들만 이용할 수 있다. 음식물쓰레기 통에 아무 쓰레기나 버리는 일들이 발생할 수 있기 때문이란다.

　취재를 진행하며 만났던 뉴욕시 위생국 공무원들은 내게 몇 번이나 "한국처럼 음식물 쓰레기 분리수거 제도를 철저하게 운용 중인 나라들의 시민 의식이 부럽습니다."라고 말했다. 에드워드 그레이슨 뉴욕시 위생국장도 내게 이렇게 말했다. "(음식물 쓰레기 분리수거) 의무화를 왜 안 하고 싶겠습니까? 여러 번 시작하고 싶었습니다. 하지만 여건들을 잘 인식하는 것도 중요합니다. 시민들의 생활은 어떤지, (분리수거가 가능한) 장소가 있는지, 준비되었는지 말이죠." 나는 그 사람의 진정성은 당연히 의심하지 않는다. 다만 몇 번이고 곱씹어 볼수록 미국의 이중성을 보여 주는 변명처럼 들렸다.

3부

미국의 현재, 절망에 빠지다

초등학교 시절, 앞집에 살던 친한 친구가 미국으로 이민을 갔다. 정확히 기억나진 않지만 한두 해 지났을 때 그 아이가 동네에 잠시 다녀갔다. 다시 만난 친구는 같은 동네에서 함께 흙바닥을 뒹굴던 예전의 모습이 아니었다. 마치 TV에서 본 듯한 미국 아이처럼 말끔하고 세련돼 보였다. 심지어 그 아이는 꿈의 동산, '디즈니랜드' 티셔츠를 입고 옛 친구들 앞에 나타났다. 그를 보면서 한동안 부러움에 잠을 이루지 못했던 기억이 있다. 1980년대에나 어울릴 에피소드다.

10여 년이 지나, 나는 대학에서 영문학을 전공했다. 그리고 군 복무도 주한 미군들과 함께 일하는 카투사로 마쳤다. 미군 부대의 첫인상은 어릴 때 이민 간 친구를 만났을 때의 충격과 비슷했다. 그곳은 풍요로웠고 또 세련돼 보였다. 20대 시절, 미국은 나에게 동전의 양면과 같은 나라였다. 세계에서 가장 자유롭고 풍요로운 나라였고, 부러움의 대상이었다. 하지만 때로는 초강대국의 힘으로 세계 질서를 흔들어 대는 모습에 실망과 분노를 느낀 적도 있었다.

세월이 지나 나는 방송국 PD가 되었다. 그리고 시사교양PD로 17년을 일한 뒤, 동경과 부러움의 대상이자 분노의 대상이었던 미국에 특파원이 되어 가게 되었다. 미국에서 일했던 지난 3년의 경험은 내가 기존에 가지고 있던 미국에 대한 양면적인 감정을 더욱 강화했다. 미국은 정말 대단한 나라였다. 미국보다 축복받은 나라가 전 세계 어디에 있을까, 미국의 대도시부터 인적 드문 시골 마을까지 어디를 가든 그런 생각이 들었다. 세계 경제와 문화의 중심이자 인류를 이끄는 모든 혁신이 제일 처음 시작되는 곳, 그리고 자유로운 분위기 속에서 다양한 사람들의 창의력이 만발하는 곳이었다. 거기다 풍부한 자원과 넓은 국토를 자랑하는 미국은 말 그대로 아름다운 나라 '美國'이었다.

하지만 미국의 민낯 또한 여실히 목격했다. 미국의 뒷골목은 내가 예전에 생각했던 것 이상으로 훨씬 더 비참했고 잔인했다. 미국 사회의 오랜 골칫덩이로 지목되어 왔던 마약은 이제 통제 범위를 훨씬 넘어 지역 공동체를 파괴하고 있었다. 특히 어린 청소년들의 피해가 막심하다. 거리를 지날 때마다 언제 어디서 총에 맞을지 모른다는 공포가 줄어들기는커녕 날이 갈수록 커지고 있다. 한쪽에서는 억만장자들이 늘고 있지만 가난한 자들과 거리에서 생활하는 사람들도 기하급수적으로 늘어났다. 일부 도시에서는 노숙자들이 아예 도심을 장악해 버렸다. 서로에 대한 미움이 커져 상대방을 증오하며 무차별 폭력을 행사하는 일도 낯설지 않다. 3부에서는 절망에 빠져 있는 미국 사회의 어두운 그늘에 관해 이야기를 해 보려고 한다. 직접 목격하고 경험했던 진짜 미국 이야기를 시작한다.

제5장

:
.

증오와 배제

1. 미국에서 가장 가난한 곳, 미시시피 잭슨

한국 사람들이 그곳으로 돈 들여 여행을 가는 일은 거의 없지만, 우리에게 친숙한 이름을 가진 미국의 주가 있다. 바로 미시시피주다. 이곳은 미국의 건국 초기 시절부터 면화 생산지로 유명했다. 조지아주, 루이지애나주, 앨라배마주 등과 함께 부유한 농업 지역으로 발전했고 노동력을 제공하기 위해 끌려온 흑인 노예들이 많이 살았던 곳이기도 하다.

그런데 역사와 전통을 자랑하는 미시시피주는 지금 미국에서 제일 가난한 곳이 되었다. 그 안에서도 제일 빈곤한 곳은 미시시피주 주도(州都)인 잭슨(Jackson)이다. 이곳으로 2023년 6월에 출장을 떠났다. 「다큐 인사이트」 '판문점' 편에 출연하는 한 주한 미군 출신 미국인을 만나러 가게 되었다. 그런데 이왕 멀리 출장 가는 김에 다른 아이템도 함께 기획했다. 미국에서 가장 부유하고 화려한 도시인 뉴욕에서 지내며 늘 궁금했던 게 있었다. '미국에서 가장 가난한 곳은 어떤 곳일까?' 하는 궁금증이었다.

2023년 6월 15일, 잭슨시에 도착했다. 공항에서 출발해 도시 외곽으로 들어가는 길 입구부터 충격적인 광경이 시작됐다. 말끔하게 포장된 도로를 한동안 달리던 차는 외곽으로 접어들자마자 요동치며 위아래 좌우 마구 흔들리기 시작했다. 창밖을 내다보니 도로 곳곳의 포장이 뜯어져 나가고 싱크홀이라고 불러도 될 만한 크기의 구멍들도 도로 곳곳에 있었다. 언제 칠했는지 감도 잡히지 않는 차선이 희미한 선으로 남아 차량들을 안내

하고 있었다. 이 길에 익숙하지 않은 사람이 잘못 들어섰다가는 대형 사고가 나기 십상이겠다는 생각이 들었다. 특파원 생활을 하며 웬만큼 험한 미국의 시골 도로는 많이 운전해 봤지만 이런 길은 처음이었다. 운전대를 잡고 있던 내 등에서는 식은땀이 흘러내렸다. 21세기 미국에 이런 공공도로가 있다는 것 자체에 공포마저 느껴졌다.

하지만 이건 시작에 불과했다. 주택가로 들어서자 더 충격적인 광경이 펼쳐졌다. 이런 곳에 과연 사람이 살 수 있을까, 아니 살아도 될지 의문이 들 만큼 열악한 주거 환경이었다. 상당수 주택의 지붕과 벽은 무너지거나 부서져 있었다. 대규모 지진이나 화재가 훑고 지나간 재난 지역처럼 보였다. 하지만 주민들은 집을 제대로 보수하지 않고 그대로 삶을 이어 가고 있었다. 곳곳에 쓰레기 더미들이 쌓여 있었다. 더군다나 두 집 건너 한 집은 사람이 살지 않고 비어 있었다. 주인이 있는 집들도 상태가 온전치 못했으니 비어 있는 집들의 상황은 두말할 필요 없이 폐허 그 자체였다. 행정력의 손이 미치는 주거 지역이라고 볼 수 없는 지경이었다.

그나마 사람들이 모여 사는 듯한 블록으로 이동한 후, 한 가정집의 초인종을 눌렀다. 한국에서 온 취재진임을 밝히고 이것저것 물어보았다. 30년째 이곳 잭슨에 살고 있다는 제니스 씨 부부는 이 동네에 살면서 요즘 제일 힘든 건 '불안한 치안 상황'이라 말했다. "지난 주말에만 이 동네에서 네 건의 살인 사건이 있었어요. 한동안 조용하다 싶었는데 다시 범죄가 잦아지네요." 경찰 인력은 턱없이 부족한데 빈집까지 늘고 있어 범죄가 기승을 부리는 건 당연하다고 제니스 씨는 덧붙였다.

  하지만 치안 상황보다 내 눈에 당장 더 심각하게 느껴진 문제는 이곳의
사회 기반 시설 자체가 붕괴했다는 것이다. 동네 곳곳에서 상하수도 보수
현장이 보였다. 하지만 무슨 이유에서인지 작업은 오래전에 멈춘 듯이 보
였고 노후화한 수도관은 흙탕물에 섞여 제대로 관리되지 못하고 있었다.
내가 만난 한 주민은 수돗물을 도저히 믿고 사용할 수 없다고 말했다. 직
접 그와 함께 수도꼭지를 열어 보니 수돗물은 연한 갈색빛이 났다. 그나마
며칠 전부터 색깔이 연해진 거라 한다. 그러다 보니 상당수 시민이 식수난
을 호소하고 있었다. 집집마다 큰 생수병 묶음이 대문 밖에 놓여 있는 이
유를 알 수 있었다. 이곳에서 태어나 60년 평생을 살고 있다는 앨버트 씨
는 이렇게 말했다. "저는 수돗물을 사용하지 않아요. 안전하지 않고 믿을
수 없기 때문입니다. 사람들이 마셔도 된다고 해도 저는 절대 마시지 않을
겁니다." 그는 수돗물을 마시지도 않고 심지어 설거지할 때도 사용하지
않는다고 한다.

  잭슨을 비롯한 미시시피주의 여러 도시에서 물과 관련한 시민들의 민
원이 쏟아지기 시작한 것은 최근의 일이 아니다. 갈수록 심각해질 뿐이다.
수도꼭지에서 황갈색의 오염된 물이 나오는 수준은 민원에 속하지도 못
한다. 며칠씩 단수되는 집들도 있다. 몇 해 전부터 상하수도 시설의 관리
보수가 제때 이루어지지 못하면서 상황은 더욱 심각해졌다. 2022년 8월,
미시시피주에 허리케인 피해가 발생해 홍수가 발생하자 안 그래도 열악

했던 잭슨시의 상하수도 시설이 아예 마비되어 버렸다. 시 전체가 며칠 동안 단수되었다. 9월 들어 수돗물 공급이 재개됐지만 충분한 정화 과정을 거치지 못한 물이 공급되면서 시 당국이 직접 '샤워할 때도 절대 입을 벌리지 말라'고 시민들에게 경고하는 일도 있었다. 이런 단수 사태는 이제 1년에 몇 번씩 반복되는 흔한 일이 되었다. 미시시피주의 다른 도시에서도 비슷한 일들이 벌어지고 있다.

나는 '미시시피 긴급대응연대'라는 시민 단체를 방문했다. 그곳에서 만난 타릭 압둘 타와브 이사는 잭슨을 비롯한 미시시피 지역의 물 문제는 수십 년 동안 이어져 온 거라고 강조했다. 그가 진단한 이유는 단순했다. "잭슨시의 수도 시설을 바꾸고 수리하는 데 최소 약 10억 달러 (약 1조 3,000억 원)가 필요합니다. 하지만 잭슨시는 그런 돈이 없어요." 미국이라는 나라에서 돈이 없어 최소한의 깨끗한 물조차 제대로 공급받지 못하는 곳이 있었다.

물만 문제인 게 아니다. 이번에는 흑인과 함께 잭슨 인구의 상당수를 차지하는 라틴계 이민자들이 많이 사는 마을을 찾았다. 온두라스에서 3년 전 미국으로 이주해 온 파티마 씨 가족을 만났다. 그 집에 도착했을 때 파티마 씨는 땔감을 가져와 마당에서 불을 피우고 있었다. 집 주변에 버려진 나뭇가지들과 종이를 주워 와 불을 피운다. 바비큐를 하는 것도 아니고 아이들 끼니를 위한 간단한 요리를 하기 위해서였다.

ON AIR: 미국은 내전 중

월세 800달러(약 103만 원)의 합법적인 주택에 살고 있지만, 이곳으로 가스 공급은 안 된다. 그나마 들어오던 전기도 보름 전 끊겼다고 한다. 파티마 씨의 말, "15일 전에 강한 토네이도가 지나가면서 전기 케이블이 떨어져 나갔습니다. 그리고 단전됐어요. 아직도 그대로 있는데 전기회사에서는 수리하러 오지 않고 있네요." 전기 서비스가 민영화되어 있는 미국에서 전력 시설의 설치와 유지 복구는 공공 서비스의 영역이 아니다. 전력회사는 보수 인력이 모자란다며 좀 더 기다리라 계속 말하고 있다. 전기가 들어오지 않지만 매달 약 180달러(약 23만 원)의 전기 요금은 꼬박꼬박 내고 있다. 전기 요금을 안 내면 정전에 대한 보수도 못 받고 아예 전기가 차단될까 울며 겨자먹기식으로 요금을 내고 있다. 가스도 전기도 없는 집, 불 피워 밥 짓는 방법밖에 없다. 취재진이 미시시피를 찾은 것은 초여름 6월, 미국 남부의 6월은 이미 섭씨 40도를 오르내리는 무더위가 시작되는 시점이다. 무덥고 습하기로 유명한 미시시피의 여름 날씨가 이어지면서 파티마 씨는 3명의 아이를 돌보는 것이 가장 힘들다고 말한다. 전기도 안 들어오는 집, 파티마 씨 가족은 더울 땐 자동차 안에서 에어컨을 틀어 놓고 자고 해가 지면 손전등을 쓰면서 생활하고 있었다.

이러다 보니 잭슨의 인구는 미국에서 가장 빠르게 줄고 있다. 매년 2%씩 인구가 감소하고 있어서 2022년 통계를 보면 잭슨시가 미국 내 인구 감소율 1위를 차지했다. 면화 산업을 비롯한 미시시피의 전통적인 산업이 붕괴하자 백인들은 일찌감치 이 도시를 떠나기 시작했다. 현재 잭슨시 인구 14만 명 중 83%는 흑인이다. 그리고 저소득층 이민자들 또한 적지 않다. 수도나 전기 공급이 원활하지 않으니 학교, 교회, 상가까지 문을 닫는 곳이 늘어났다. 주거 환경이 열악하니 사람들은 또 떠나고 인구가 줄어들며 세수가 감소하니 주거 환경이 더 열악해지는 악순환이 계속되고 있다. 마을 곳곳에서 빈집이 늘어난 이유가 이해됐다.

문제는 가난한 사람들은 떠날 수도 없다는 데 있다. 도시 곳곳에서 노숙인들이 늘고 있었다. 우리가 잠시 머문 이틀 동안에도 자동차가 교차로에 정차할 때마다 구걸하는 노숙인들을 쉽게 볼 수 있었다. 노숙인들은 곳곳에 있는 빈집에서 생활하기도 한다. 잭슨시 중심가, 교회가 떠난 자리에서 한 봉사 단체 회원들이 주민들에게 무료로 식사를 제공하고 생필품을 나눠 주고 있었다. 점심시간이 되자 100여 석의 자리는 금세 찼다. 어린 자녀들까지 데려와 끼니를 해결하는 가족들도 많았다. 식사를 마치고 나오는 한 60대 여성, 셰릴 씨에게 인터뷰를 요청했다. 그녀는 레스토랑 종업원이었다고 한다. 하지만 코로나19 팬데믹 때 많은 식당이 문을 닫으며 그녀도 해고당했다. 그 이후 2년 동안 아무런 직업을 갖지 못한 채 노숙 생활을 계속하고 있다. 셰릴 씨가 말했다. "수입은 전혀 없어요. 그나마 여기 와서 식사를 해결할 수 있어서 정말 고마울 따름입니다."

잭슨에서 목격한 처참한 광경에는 역사적 배경이 있다. 상당수 전문가와 언론의 분석은 일치했다. 앞에서도 말했듯이 미시시피주는 아프리카에서 끌려온 흑인 노예들이 많이 살았던 곳이다. 지금은 미국 전역에 흩어져 사는 아프리카계 미국인, 즉 흑인들의 역사는 미시시피를 비롯한 미국 남부 농업 지역에서 시작됐다. 시간이 흐르며 다른 주로 떠난 흑인들이 많았지만 적지 않은 노예의 후예들은 계속 미시시피에 남아 삶을 이어 갔다. 노예제도는 없어졌지만 삶은 나아지지 않았다. 미시시피에는 농업을 대체할 제조업 기반도 들어서지 않았다. 타릭 압둘 타와브 미시시피 긴급대응연대 이사는 이렇게 분석했다. "미시시피 주가 흑인들을 인간으로 대우하지 않고 있어서 그런 겁니다. 주 정부에서 흑인들 주거지에 필요한 예산을 일부러 지원하지 않고 있어요. 우리는 100%의 미국 시민으로 대우받아야 합니다. 그러나 현재는 그렇지 않은 상황입니다." 잭슨을 비롯한 미국 남부, 가난한 지역의 처참한 상황은 백인 주지사를 비롯한 주 정부의 인종차별 때문이라고 주장하는 것이다. 잭슨의 공공시설 문제가 처음 제기된 것은 1970년, 연방법원이 잭슨의 학교에서 인종분리정책을 중단하도록 명령한 시기부터다. 그때부터 적지 않은 백인 가정들이 자녀들을 흑인들과 같은 학교에 보내기 싫어 도시를 떠나기 시작했다. 백인들과 흑인들이 사는 곳이 나뉘면서 세수 지원도 백인들 주거지역으로 편중되었다는 주장. 물론 미시시피주 정부는 이런 흑인들의 주장에 동의하지 않는다. 예산 집행에 차별이 존재하지 않는다고 말한다.

미시시피주는 미국에서 인종차별로 가장 악명이 높은 곳이었다. 1960년대까지 백인 농장주들의 후예들은 흑인 노예들의 후예들을 노골적으로 차별했고, 도시 곳곳에서 폭력과 차별이 횡행했다. 1995년에 미시시피주가 공식적으로 노예제도 폐지를 비준했고, 2016년이 돼서야 미시시피주에서 마지막으로 남아 있던 흑백 분리 학교가 통합됐다. 미시시피주 깃발에는 노예제 철폐를 반대했던 남부 연합의 깃발이 2020년까지 남아 있었다. 미국의 주 중에서 마지막까지 인종차별을 공식적으로 고수했던 곳이 미시시피였다.

어떤 사람들은 미국의 역사 자체가 '증오와 배제'의 역사라 말하기도 한다. 아메리칸 인디언 원주민들이 살고 있던 땅에 정착한 유럽계 백인, 그들은 인디언 원주민들을 결국 몰살시켰다. 그 후에 미국인들은 경제적 필요로 아프리카에서 흑인 노예들을 끌고 왔다. 그들을 통해 미국의 초기 경제적 토대를 튼튼히 세웠지만, 흑인에 대한 차별과 증오, 배제는 계속됐다. 그리고 이제 2020년대에 접어들었다. 미국의 증오, 차별은 사라졌을까? 아니다. 오히려 새롭게 진화하고 있다.

2. 애틀랜타의 비극

2021년 3월 22일, 미국 뉴저지주의 한 장례식장에서 74세의 한인 여성 박 모 씨의 장례식이 엄수되었다. 이민 온 뒤, 30년 동안 뉴욕에서만 살던 박 씨. 그녀는 미국 남부 애틀랜타로 이주한 친구가 사업을 시작하자 친구를 도와줄 겸 잠시 용돈도 벌기 위해 애틀랜타로 거처를 옮겼다. 마사지 업소에서 직원들의 식사를 챙겨 주는 일을 하며 돈을 벌어 노후 자금에 보탤 생각이었다. 가족들에게는 몇 달만 지나면 다시 뉴욕으로 돌아와 손주들의 재롱을 보며 남은 생을 보낼 거라 약속했던 박 씨, 하지만 그녀는 싸늘한 주검이 되어서야 가족 품으로 돌아왔다. 박 씨는 한 백인 청년이 쏜 총에 맞고 사망했다.

뉴욕에 사는 박 씨의 가족과 어렵사리 연락이 닿았다. 유족들은 나와 직접 만나는 것은 사양했지만, 전화 인터뷰를 허락해 주었다. 그들은 청천 벽력 같은 어머니의 사망 소식을 듣고 큰 충격에 빠져 있었다. 전화기 너머로 들려오는 박 씨 사위의 목소리에서 슬픔과 분노를 동시에 느낄 수 있었다. "저희 장모님은 주방에서 일하고 있었는데 총소리를 듣고 무슨 일인지 알아보러 나가시다 당하신 것 같아요." 오로지 자식들의 성공을 위해 미국에 이민 와 1남 4녀, 남편 없이 억척스레 홀로 자녀들을 키워 냈다는 박 씨, 사위는 범인을 용서할 수 없다. "(아내는) 아직도 밤마다 울어요. 밤마다 울고… 그냥 어머니에게 총격을 가했다는 그 이유 하나만으로 저희는 그냥 범인이 강력한 처벌을 받았으면 좋겠어요."라고 말했다.

사건 발생 후, 박 씨가 일했던 애틀랜타 참사 현장으로 갔다. 이 사건으로 박 씨를 포함해 4명의 한인 여성이 살해됐다. 사건이 발생한 상가 지역으로 들어가는 길, 나 역시도 분노와 슬픔을 주체할 수 없었다. 해당 업소 주변에는 많은 취재진이 머무르고 있었다. NBC, ABC, CNN, FOX 같은 미국 내 주요 방송사는 아예 뉴스 중계차를 상주시키고 매시간 현지 소식을 속보로 전하고 있었다. 스웨덴, 프랑스 등 유럽 언론과 일본 등 아시아 언론인들도 보였다. 많은 시민이 이곳을 찾아 희생자들을 추모하고 있었다. 이곳에서 만난 한 애틀랜타 시민에게 심정을 물었다. 남자 친구에게 안겨 눈물 흘리던 시민은 이렇게 말했다. "비극입니다. 어떻게 생각해야 할지도 모르겠어요. 감정이 북받치네요. 희망을 잃은 기분이 들기 때문입니다."라고 답했다. 내가 한국 출신인 것을 알아차린 스웨덴 방송국의 특파원이 나에게 다가왔다. "왜 한국 여성들이 희생당한 것 같나요?"라고 묻길래 답했다. "코로나19 팬데믹이 시작되며 번지기 시작한 아시아인에 대한 혐오와 증오가 총격 범죄로 이어진 것 같네요." 스웨덴 특파원도 동의했고, 다른 미국 언론의 분석도 비슷했다. 미국 전역에서 참사를 규탄하는 여론이 들끓었다.

박 씨에게 비극적인 사건이 일어난 것은 2021년 3월 16일 오후 6시 경이었다. 도로를 사이에 둔 한인 마사지업소 두 군데에서 총격 사건이 발생했다. 박 씨를 포함한 4명의 한인 여성의 목숨을 앗아간 사건의 용의자는 21살 백인 남성, 로버트 에런 롱. 그는 한인 여성들이 참사를 당하기 1시간 전, 애틀랜타에서 45킬로미터 떨어진 체로키 카운티(Cherokee County)에서도 비슷한 범행을 저질렀다. 중국계 주인이 운영하던 다른 마사지업소에서 손님을 포함해 4명이 그가 쏜 총에 맞아 사망했다. 그중 2명이 아시아계 여성이었다.

범인의 행적을 자세히 알아보기 위해 최초 사건이 발생했던 업소를 찾아 주변을 탐문했다. 주변 상가를 돌아다니며 당시 상황에 관해 물었다. 대다수 상인이 답변을 거절하거나 상황을 알지 못한다며 손사래를 쳤다. 하지만 이런 상황에서도 늘 협조해 주는 고마운 분들이 있다. 잡화점을 운영하는 한 남미계 부부가 나를 가게 안으로 불렀다. 본인들도 이민자 출신이라 이번 사건을 그냥 넘어가기 힘들다고 했다. 가게 CCTV에 용의자의 행적이 고스란히 남아 있었다. 그들은 CCTV 녹화분을 다시 찾아 보여 주며 취재에 적극적으로 협조해 주었다. CCTV 영상을 처음부터 살펴봤다. 사건 당일 오후 2시 37분, 현장에 도착한 범인은 한 시간 가까이 차에서 내리지 않고 기다렸다. 그리고 오후 3시 38분, 뒷주머니에 총을 넣고 업소로 들어갔다. 그리고 또 한 시간이 지나고 가게 안에서 몇 발의 총성이 들렸고 유유히 범인은 이 업소를 빠져나간다. 서둘러 도망가는 모습이 아니라 천천히 걸어서 가게에서 나오는 모습이 CCTV에 고스란히 남아 있었다. 이곳에서 4명이 총격으로 사망했다. 우발적인 사건이라고 보기 힘든 상황. 이웃 가게 주인은 진실을 밝혀 억울하게 죽은 아시아 여성들을 도와 달라 나에게 부탁했다. 다시 한 번 그 부부에게 고마움을 전하고 싶다.

이미 4명의 목숨을 빼앗은 범인은 다시 한 시간이 지난 뒤, 한인 업소들이 있는 애틀랜타 시내에 나타났다. 범인은 곧장 두 군데의 피해 업소로 가서 범행을 저질렀다. 이곳은 애틀랜타 외곽 유흥업소 지역으로 유명한 곳이라 한다. 식당, 마사지업소 외에도 술집이나 바 그리고 소위 "스트립 클럽"이라고 불리는 다양한 형태의 유흥업소들이 주변에 있었다. 마사지 업소에는 아시아계 종업원들이 주로 있고 그 외 유흥업소에서는 비아시아계 종업원들이 많이 일한다고 한다. 그의 범죄가 아시아인에 대한 증오 범죄라고 여겨지는 이유도 여기에 있다. 그의 동선을 살펴보면 애틀랜타 주변에서 아시아 여성들이 일하는 곳만 노렸기 때문이다.

LA와 뉴욕, 시카고 부근에 이어 새롭게 떠오르고 있는 한인 타운이 바로 조지아주 애틀랜타 지역이다. 조지아주는 집값과 물가가 비교적 싸고, 4계절 내내 날씨가 따뜻해 미국 사람들 사이에서도 살기 좋다는 소문이 퍼지고 있다. 현대 기아자동차의 공장이 조지아에 들어서면서 한국인들의 유입도 크게 늘고 있다. 새로운 한인 커뮤니티가 계속 생기고 있다. 한인을 대상으로 한 비극적인 사건이 발생하자 한인 단체들은 희생자 유족들을 지원하고 아시아인 증오범죄에 대한 반대 운동을 펼치기 시작했다. 사건 발생 며칠 만에 주변 한인 단체들이 재빠르게 대응하는 모습이 인상적이었다. 애틀랜타 한미연합회장인 사라 박 씨를 만났다. 그녀는 애틀랜타 지역에 정착한 한인 이민 1.5세대 전문직으로 젊은 교민들의 대표 역할을 하고 있었다. 박 씨는 단호하게 이번 사건을 정의했다. "아시아계와 여성에 대한 존중을 범인이 가지고 있었다면 이렇게 한 번도 아닌 세 곳에서 방아쇠를 무자비하게 당길 수 있었을까요? 그런 부분만 봐도 증오범죄가 맞다고 생각합니다." 그녀가 이렇게 분노하는 이유가 또 있었다. 바로 사건 직후, 현지 경찰의 대응 때문이었다.

아시아계 여성 6명이 범인의 총격으로 사망한 다음 날인 2021년 3월 17일, 조지아주 체로키 카운티 경찰의 대변인 제이 베이커는 기자들 앞에서 이렇게 말했다. "어제는 그(범인)에게 정말 나쁜 하루였고 그래서 그런 일을 저지른 거죠. 그는 스스로 성중독이라고 생각했고, 범행 장소가 본인의 욕구를 부추기는 곳들이라 여기고 제거하고 싶었다고 말했습니다." 이 말이 보도를 통해 알려지고 미국 전역이 발칵 뒤집혔다. 경찰 표현에 따르면 총격 사건이 '아시아인에 대한 범죄'라기보다는 '성중독에 의한 범행'이 되는 것이다. 이런 경찰의 자의적인 규정에 사람들은 반발했다. 심지어 경찰이 '그날이 범인에게 나쁜 날'이라는, 범인을 동정하는 듯한 표현을 썼다는 사실은 여론을 극도로 악화시켰다. 사건 현장에서 만났던 다른 애틀랜타 시민은 내게 이렇게 말했다. "명백한 증오범죄죠. 이건 성적 유혹과 관련된 것이 아닙니다. 나쁜 날도 아닙니다. 우리는 이 사람들을 살해한 사람을 위해 변명거리를 줘서는 안 됩니다." 취재를 진행하면서 범인이 아시아 여성을 의도적으로 노렸다는 증언도 직접 들었다. 희생자의 한 가족은 이렇게 말했다. "범인이 중국인들은 다 죽어야 한다고 소리치며 문을 하나씩 다 열면서 확인했다고 하더라고요. 누가 남아 있는지. 다 죽여야 한다고 그러면서…."

다인종 다문화 사회인 미국에서 증오범죄는 다른 범죄에 비해 중범죄로 다뤄진다. 하지만 명백한 증오범죄로 보이는 총기 살인 사건을 감싸고 도는 듯한 애틀랜타 경찰의 대응은 그 자체가 또 다른 혐오와 배제로밖에 보이지 않았다. 나는 애틀랜타 경찰 당국의 입장을 직접 물어봤다. 여러 차례 인터뷰를 요청했는데 답변을 듣지 못했다. 해당 부서로 직접 전화를 걸어 봤다. 수사 진행 상황과 증오범죄 여부에 대한 경찰의 견해를 물었다. 여론이 워낙 안 좋아져서인지 담당자는 애매한 답변을 내놓았다. "증오범죄에 관한 판단은 시간이 조금 걸릴 겁니다. 우리는 여전히 수사를 진행하고 있고요. 증오범죄는 단순하지 않습니다. 그래서 그의 범행 동기가 진짜 증오범죄에 의한 것인지는 수사를 해 봐야 압니다." 뻔한 답변이었다.

중국에서 시작된 코로나19로 미국에서 100만 명이 넘는 사람이 사망했다. 사람들이 죽어 가고 록다운이 길어지면서, 아시아계에 대한 각종 증오범죄가 기하급수적으로 늘어났다. 그리고 중국인을 비롯한 전체 아시아인에 대한 공격이 곳곳에서 자행됐다. 아시아인에 대한 증오범죄가 이렇게 확산한 것은 미국 역사상 처음 있는 일이었다. 사실 한국인을 비롯한 아시아인들에 대한 미국 사회의 차별은 늘 존재했다. 하지만 개인에 대한 공격이나 테러가 이렇게 많이 발생한 적은 없었다. 팬데믹으로 인한 아시아인에 대한 증오범죄가 갈수록 심각해지자 미국 내 아시아인들이 목소리를 내기 시작했다. 한국계 배우로 유명한 산드라 오(Sandra Oh)는 애틀랜타 사건을 규탄하는 집회에 참석해 이렇게 외쳤다. "저는 아시아계인 것이 자랑스럽습니다!"라고. 미국 사회에서 특정 집단을 배제하는 혐오 현상은 목표를 바꿔가며 계속 존재했다. 그 양상 또한 심각해지고 있다. 911 테러 이후에는 미국 내 이슬람교도가 그 타겟이었다면, 코로나19 팬데믹 이후 목표가 아시아인들로 바뀐 것이다. 한인 4명이 희생된 애틀랜타 사건은 그 시작에 불과했다.

3. 유행처럼 번진 아시아인 대상 증오 범죄

코로나19 팬데믹이 시작되고 얼마 뒤부터 미국 전역에서 아시아인에 대한 폭력과 테러, 각종 증오범죄가 활개 치기 시작했다. 애틀랜타에서 한인 여성 4명이 사망한 때와 비슷한 시기, 뉴욕에서도 연일 아시아인 증오 범죄에 대한 뉴스가 쏟아졌다. 2021년 2월 16일과 23일, 뉴욕시 퀸스에서는 40~50대 아시아계 여성들이 주택가에서 아무런 이유 없이 폭행당하는 사건들이 연이어 발생했다. 2021년 2월 25일, 맨해튼에서는 한 괴한이 길을 걸어가던 30대 아시아계 남성에게 흉기를 휘둘렀다. 2020년 3월부터 12월까지 미국에서 확인된 아시아계 대상 증오범죄만 해도 약 2,800여 건(출처: Stop AAPI)이었다. 하지만 이 통계는 빙산의 일각에 불과할 것이다. 아시안아메리칸연합 사무총장인 한국계 조앤 유 씨를 만났다. "때리고 침 뱉고 그런 사건들을 다 범죄라고 집계하지는 않습니다. 하지만 모두 증오 때문에 생긴 사건들이죠. 뉴욕시에서만 지난해(2020년) 이런 사건들이 500건 정도 보고됐습니다. 하지만 그 숫자는 실제 일어난 수보다 훨씬 적을 거라고 봅니다."

아시아인에 대한 증오범죄 피해자의 약 40%는 중국계 미국인(출처: Stop AAPI)이었다. 중국계 미국인이 범죄의 주목표가 된 것은 다들 예상하듯이 코로나19 팬데믹이 중국에서 시작됐기 때문이다. 하지만 피해자의 대부분은 이미 미국에서 터전을 잡고 살아가던 중국계 미국인들이었고, 이들은 코로나19 팬데믹과는 직접적인 연관이 없는 사람들이었다. 전대미문의 위기가 터지며 일상적인 삶이 급속도로 붕괴하면서 사람들은 분노했고 또 불안했다. 그 화풀이가 아시아인 증오범죄로 이어졌다. 문제는 대통령을 비롯한 미국의 정치인들이나 언론에서 이러한 증오범죄를 부추겼다는 데 있다. 팬데믹 초기 도널드 트럼프 전 대통령이 했던 여러 차례의 발언만 봐도 그렇다. 2020년 3월 18일, 당시 트럼프 대통령은 "중국 바이러스, 이 바이러스는 중국에서 왔습니다. 이건 인종차별이 아닙니다." 라고 말했다. 그 이후에도 "코로나19 바이러스는 쿵-플루, 쿵푸 바이러스예요." 라고 말하며 사실상 증오범죄를 부추겼다. 정치인들이 증오를 부추기니 일반인들도 스스럼없이 증오와 차별을 드러냈다. 한동안 계속되고 있는 미국과 중국의 불편한 관계에 중국발 코로나19 팬데믹이 더해지면서 미국 내 대중 감정은 악화일로로 치달았다. 중국인에 대한 증오범죄가 늘어난 이유다. 그런데 증오범죄는 중국인을 향해서만 벌어지지 않았다. 미국의 인구에서 가장 많은 수를 차지하는 백인과 흑인이 아닌 황색 피부를 가진 모든 아시아인이 피해자가 되었다.

2021년 2월 말, 나는 뉴욕시 브루클린에서 필리핀계 미국인 노엘 퀸타나 씨를 만났다. 그가 얼굴에 쓰고 있던 마스크를 내리자 깜짝 놀랐다. 얼굴 위아래를 나누는 선명한 수술 자국 때문이었다. 2021년 2월 3일 아침, 그는 출근하기 위해 평소처럼 집 근처 역에서 맨해튼행 지하철을 탔다. 그런데 지하철 안에 있던 한 사람이 다가와 공업용 칼로 그를 공격하기 시작했다. 범인은 한 흑인 남성이었다. 노엘 씨는 무려 얼굴을 100바늘 이상 꿰맸다. 이유가 없는 소위 '묻지 마 테러'였다. 앞으로 여러 차례 재활 성

형수술을 받는다고 해도 완벽한 복구는 불가능할 거라고 한다.

　한인들의 피해도 미국 전역에서 발생했다. 2022년 2월에는 뉴욕의 한 아파트에 괴한이 침입해 흉기를 휘둘러 이곳에 살던 30대 한국계 여성이 사망했다. 뉴욕, LA 등 한인들이 많이 사는 도시에서 아시아인 증오범죄로 추정되는 폭행 사건이 계속해서 발생했다. 직접 한인 피해자들을 수소문해서 만나 보았다.

　18년 전 이민 온 후, 뉴욕 브루클린에서 식료품점을 운영하는 이 모 씨, 그는 용기를 내어 자신이 당한 일을 알리고 싶다며 나의 인터뷰 제안에 응했다. 사건은 2022년 1월 29일, 아침 일찍 일어났다. 한 남성이 가게에 들어와 물건을 하나 집어 들더니 돈이 없다며 다짜고짜 행패를 부리기 시작했다. 이 씨의 설명이 이어졌다. "행패를 부리길래 제가 못 하게 말렸죠. 그랬더니 그대로 여기서 때리기 시작한 겁니다." 그는 사건 당시의 CCTV를 보여 주었다. 영상을 확인해 보니 말 그대로 무차별 폭행을 당했다. 눈 깜짝할 사이에 벌어진 일이었다. 그 일이 있고 나서 이제는 가게에서 일하는 것이 무서워 한국으로 다시 돌아갈지 고민하고 있다는 이 씨. 미국에서 집계된 아시아인 증오범죄 피해자 중 약 16%가 한국계로 알려졌다(출처: Stop AAPI). 중국계에 이어 두 번째로 많은 숫자다. 약 190만 명에 달하는 한국계 미국인들의 걱정과 불안은 이만저만이 아니었다. 실제로 2021년 초, 내가 아는 한 한국 주재원은 출근길에 아무 이유도 없이 지나가던 행인에게 뺨을 맞았다고 한다. 하지만 더 큰 폭력이 두려워 제대로 저항하지 못했다고 한다. 한국 외교관이 맨해튼 한복판에서 증오범죄를 당했다는 보도도 나왔다. 주변에서 크고 작은 증오범죄 피해 소식이 들려왔다. 한참 아시아인 증오범죄 소식이 많이 들려오던 시기, 주변 아시아 출신 여성들 사이에서 호신용 호루라기나 페퍼 가스총을 사는 일이 유행처럼 번져갔다. 내 가족들에게도 불필요한 외출을 하지 말라고 당부했고, 나 역시 밤늦은 시간에는 혼자 다니지 않았다.

미국 역사에서 차별과 증오는 백인들 사이에서도 존재했다. 1776년 미국이 독립하고 유럽에서 이민자들이 몰려오기 시작했다. 19세기 초, 영국계 미국인들은 대기근을 피해 이민 온 아일랜드계를 증오하고 차별했다. 그다음은 이탈리아계가 대상이었다. 조금이라도 주류와 구분이 되는 사람들이 미국에 유입되면 순서대로 증오의 목표가 되었다. 그 이후에는 동부 유럽 출신들이 이등 국민 취급을 받았다. 하지만 이들은 서로 반목하긴 했지만 시간이 흐르며 같은 유럽 출신이자 백인이라는 하나의 정체성을 공유하기 시작한다.

미국의 역사를 돌아보며 가장 비극적인 증오의 대상은 당연히 아프리카 출신 흑인들이었다. 링컨 대통령에 의해 공식적인 노예제도가 폐지된 것은 1862년이었지만, 이는 단순히 법적인 해방에 불과했다. 그 후로도 인종차별은 강력하게 남아 미국 사회를 통제했다. 1960년대까지만 해도 상당수 미국의 주에서 흑인에 대한 차별은 합법적으로 용인되었다. 흑인들은 학교나 화장실을 비롯한 공공장소를 백인들과 같이 사용하지 못했다. 1963년 8월 28일, 워싱턴 D.C.의 행진에서 흑인 인권 운동가 마틴 루서 킹(Martin Luther King) 목사가 한 유명한 연설, "나는 꿈이 있습니다. 언젠가 내 어린 네 자녀가 그들의 피부색으로 평가받지 않고, 능력에 의해서 평가받는 그런 나라에 살게 될 거라는 꿈입니다. I have a dream that my four little children will one day live in a nation where they will not be judged by the color of their skin, but by the content of their character." 이처럼 미국에는 흑과 백의 두 나라가 존재했다. 앞서 미시시피의 이야기를 했듯이 미국 주류 사회의 흑인에 대한 차별과 배제는 그 뒤로도 계속되었다.

그런데 2000년대 접어들며 증오의 양상이 조금 바뀐다. 강력한 인권 투쟁으로 흑인들의 인권이 어느 정도 신장되자 이제는 종교가 다른 이들에 대한 증오의 바람이 몰아쳤다. 이슬람교를 믿는 이슬람교도가 주 타겟이었다. 그 증오에 기름을 얹은 참사가 벌어졌다. 2001년 미국과 전 세계를 충격의 도가니로 몰아넣었던 911테러가 발생한 것이다. 곳곳에서 미국 내 이슬람교도에 대한 증오범죄와 차별이 거세졌다. 그리고 2020년, 코로나19 팬데믹이라는 전대미문의 위기가 발생하자 사람들이 새로운 증오심을 품기 시작했다. 이번 증오심은 바이러스를 처음 퍼뜨린 중국인들과 또 그들과 비슷하게(?) 생긴 아시아인들을 향했다. 조앤 유 아시안아메리칸연합 사무총장의 분석도 비슷했다. "미국 사회는 언제나 위기 상황에 닥치면 희생양이 필요했던 것 같습니다. '너 때문이야'라고 손가락질할 대상이 필요했죠. 이번 코로나19 팬데믹 위기에서는 아시아인들이 그 대상이 된 거죠."

주변에서 만난 일부 한인들은 중국인들을 탓했다. 중국 때문에 엄한 한국 사람들도 피해를 본다고 말이다. 하지만 나는 그런 태도 역시 또 다른 증오와 차별을 낳을 수 있기에 경계해야 한다고 생각한다. 중국이 코로나19 바이러스의 발원지이고, 중국의 불투명한 정보 공개와 방역 실패로 전 세계가 고통받은 것은 사실이다. 하지만 그런 이유로 미국에 사는 중국인들이 공격받는 걸 용인한다면 그다음 차례는 또 누가 될지 모르기 때문이다. 만약 북한과 미국 사이에 큰 충돌이 발생했다고 생각해 보자. 이 때문에 생긴 적대감으로 미국인들이 한국계 미국인까지 무차별 공격한다면 그건 괜찮은 건가? 한 한국계 미국인이 미국 사회를 충격에 빠트릴 만한 중대 범죄를 일으켜 반한 감정이 드세져서 다른 한인들이 증오의 대상이 된다면 어떻게 하겠는가.

오히려 여러 계층, 인종 간 연대를 강화하고 특히 팬데믹 기간 더 심각해진 미국의 경제적 불평등을 해결해야 증오범죄가 사라질 거라 말하는 사람들도 늘고 있다. 실제로 코로나19 팬데믹 기간 동안 아시아인 증오범죄의 가해자 대부분은 가장 경제적으로 고통을 겪은 실직자나 노숙자들이었다. 인종적으로는 가난한 흑인들이었다. 뉴욕주 하원의원 론 김(Ron Kim)은 한국계다. 그는 나에게 이 말을 꼭 한국 사람들에게 전해달라 했다. "코로나19로 인해 지금 많은 사람이 실직했고 경제적으로 어려움을 겪고 있습니다. 또 그런 사람 중에서 일부가 길거리에서 폭력적인 언행을 드러내고 있고요. 팬데믹을 겪으며 계속 우리가 경고했던 일입니다. 사회, 경제적 상황을 개선하고 폭력과 증오를 해소하기 위해 노력해야 합니다."

미국의 증오는 새 목표를 찾고 있다. 2022년 2월, 우크라이나 전쟁이 시작되자 러시아 출신에 대한 공격이 늘었다. 2023년 가을, 이스라엘과 하마스의 전쟁이 시작되자 한쪽에선 유대인들에 대한 증오가 시작됐고, 다른 한쪽에서는 팔레스타인 출신에 대한 증오가 확산하고 있다. 이들에 대한 물리적 테러도 계속해서 늘어나고 있다. 이방인들이 만든 나라 미국, 하지만 주류가 아닌 소수를 향한 증오범죄는 그 대상은 바뀔지언정 계속 되고 있다.

4. 중남미 난민 공포증

미국에 있을 때 나는 뉴저지주에서 살았다. 사무실이 있는 뉴욕 맨해튼까지는 주로 차를 몰아 출근했는데, 버스를 타고 가는 날도 적지 않았다. 뉴저지에서 출발한 버스들은 뉴저지와 뉴욕주의 경계를 넘어 맨해튼에 있는 '포트 어소리티(Port Authority, 우리말로 해석하면 공항항만관리청)' 터미널에 도착한다. 출퇴근 시간이 되면 이 터미널은 뉴욕과 인근 도시를 오가는 사람들로 북새통을 이룬다. 안 그래도 유동 인구가 많았던 이 터미널이 2022년 봄부터 더 복잡해지기 시작했다. 터미널 일부분이 통제되는 일이 잦아졌기 때문이다. 경찰은 해당 구역을 삼엄하게 통제했고 심지어 무장한 군인들도 자주 보였다. 뉴욕의 한 버스 터미널로 중남미 출신 난민들이 수백 명 무리를 지어 도착하고 있다는 뉴스가 보도되기 시작한 즈음이었다.

버스 터미널에 도착한 사람들은 텍사스, 플로리다, 애리조나 등 미국 남부 지역 주에서 버스에 태워져 강제로 뉴욕으로 보내진 중남미계 난민들이다. 주로 베네수엘라, 페루, 에콰도르, 콜롬비아, 아이티 출신이 많다고 한다. 그중에서도 베네수엘라 출신들이 가장 많다. 대다수는 어려운 경제 여건과 정치적 박해 등을 피해 무작정 고향을 떠나 멕시코로 온 뒤, 다시 멕시코와 미국 국경을 불법으로 건너 온 사람들이다. 뉴욕시의 발표에 따르면 2023년 1월~7월까지 7개월 동안 약 10만 명의 중남미 출신 이주민들이 뉴욕으로 유입됐다고 한다. 시카고나 워싱턴 D.C., LA 등 미국 내 주요 대도시에서 비슷한 일들이 벌어지고 있다.

　오바마 정부 때까지만 해도 미국 정부는 중남미 출신 이주민들에게 관대했다. 비록 불법 이주민들이라고 할지라도 그들을 받아 주는 것이 세계 최강 국가가 가진 인권 의식을 보여 주는 척도였을 뿐만 아니라 값싼 노동력을 확보하는 데 큰 도움이 됐기 때문이다. 하지만 모든 미국인이 그리 생각한 것은 아니었다. 영어도 못하는 낯선 이방인들이 미국인들의 일자리를 뺏어 가고 있다는 불만들이 서서히 강해지기 시작했다. 그리고 지난 2016년, 트럼프 대통령이 취임하자 공식적으로 중남미 불법 이주자들에 대한 철저한 규제 정책이 시작된다. 트럼프는 선거운동 기간 내내 이민을 규제해야 한다고 강력히 주장했던 사람이다. 불법으로 국경을 넘어온 중남미 난민들은 가차 없이 쫓겨났다. 국경에 장벽을 세웠고 이 과정에서 부모와 어린 자식들을 분리 수용하면서 전 세계적인 비판을 받기도 했다. 거기다 코로나19 팬데믹까지 발생하면서 미국으로 유입되는 이민자는 급감했다. 트럼프 행정부 이전 연간 100만 명에 달하던 미국 정부의 영주권 발급 숫자가 2020년에는 1/4 수준으로 떨어졌다.

　바이든 행정부가 들어서자 상황은 다시 급변한다. 예전 오바마 행정부 시절의 수준까지는 아니었지만, 중남미 출신 이주 희망자들에게 문호가 어느 정도 다시 열렸다. 특히 베네수엘라, 니카라과, 쿠바, 아이티 등 4개국 출신을 대상으로는 '인도적 임시 체류 허가(humanitarian parole)'까지 내주었다. 일자리를 갖거나 후원자를 찾는 사람들에게 2년까지 합법적 거주의 길을 터 준 것이다. 이러자 다시 중남미 사람들이 미국으로 몰려들기 시작했다.

그런데 왜 이들은 국경을 넘어 처음 도착한 텍사스 같은 미국 남부에 정착하지 않고 뉴욕과 시카고, 워싱턴 D.C. 같은 대도시로, 그것도 버스에 실려져 이동했을까. 물론 일자리가 남부보다는 대도시에 많다는 이유를 들 수 있다. 하지만 최근에는 난민들이 자발적으로 이동한 것이 아니라 강제로 옮겨지고 있다. 바이든 행정부의 이민정책을 반대하는 공화당 출신의 주지사들이 난민 본인의 의사나 도착지 사정은 전혀 고려하지 않고 이들을 버스에 강제로 실어 보냈기 때문이다. 심지어 텍사스주의 그레그 애벗(Greg Abbott) 주지사는 2021년 3월부터 '론스타 작전'(Operation Lone Star)이라는 이름까지 붙이고 불법 입국자 버스 이송 조치를 실행에 옮기고 있다. '론스타'는 텍사스주의 별칭이다.

버스에 실려져 대도시로 온 중남미 난민들이 늘어나면서 뉴욕 시내의 풍경이 크게 달라지기 시작했다. 언제부터인가 뉴욕 시내 곳곳에서 과일이나 음료수를 파는 중남미 출신 상인들이 눈에 띄게 늘어나기 시작했다. 센트럴파크에도 귀퉁이마다 행상들이 들어섰다. 어린아이를 등에 업은 채 영어도 서툰 이들이 지나가는 사람들에게 물건을 파는 모습은 흔한 풍경이 됐다. 그나마 이들은 그래도 자리를 잡은 사람들이었다. 맨해튼의 호텔들 주변 거리를 수많은 중남미 사람들이 채우기 시작했다. 뉴욕시가 일부 난민들을 급한 대로 호텔에 수용하고 있기 때문이다. 그 옆을 지날 때마다 난민 수용소를 보는 것 같은 느낌을 받았다. 이들은 수백 명 단위로 무리를 지어 시에서 지급하는 피자나 음식을 먹으며 길바닥에 앉아 있거나 누워 있었다. 직업도 구하지 못했을 뿐만 아니라 먹을 음식도 제때 구하지 못하고 있는, 말 그대로 난민들이었다.

이러다 보니 뉴욕 시민들의 불만이 갈수록 커지고 있었다. 나 역시도 불편함을 꽤 느낄 정도였다. 사람들이 다니는 인도 곳곳에 난민들이 몰려 있어 통행도 불편하고 주변 도로의 교통 체증도 발생했다. 관광객들이 주로 다니는 거리에도 그런 사람들이 많아져 시민들의 민원도 많이 발생했다. 주변 사람들도 모두 비슷한 반응이었다. "중남미 사람들 때문에 불편하고 짜증난다!"

도심 내 난민들이 증가하면서 치안 상황 악화를 우려하는 여론이 높아졌다. 난민들이 범죄를 일으키거나 싸움을 일으키는 것도 문제지만 더 큰 문제는 따로 있었다. 미국에 가 본 사람들은 잘 알겠지만, 미국 도심에는 길거리마다 노숙인들이 많다. 코로나19 팬데믹 이후 노숙인들의 수는 더 늘어났다. 그런데 도시가 그나마 수용하고 관리하고 있던 노숙인들의 쉼터 공간을 중남미 난민들이 뺏고 있었다. 시에서 운용이 가능한 수용 시설의 규모는 뻔한데 매일 수백 명의 난민이 새로 유입되다 보니 감당이 되질 않는 것이다. 일단은 급한 대로 이 난민들이 기존의 노숙인들이나 도시 빈민들을 위한 수용 시설까지 사용하기 시작했다. 중남미 난민들에게 밀려난 노숙인들이 다시 거리로 나와 마약에 손을 대고 또 범죄를 일으키는 악순환이 발생했다.

이 사태는 근본적인 시민들의 권리 문제로 번져 갔다. 2023년 10월 6일 자 『뉴욕타임스』에 실린 기사 제목이다. "New York's Right to Shelter Is Under Attack. Again, 뉴욕시의 쉼터권이 다시 공격받고 있다."라는 기사. '쉼터권'은 1981년부터 뉴욕시에서 시행되어 온 시민들의 권리였다. 뉴욕시는 의무적으로 오후 10시 이전에 수용 시설에 도착하는, 자녀가 있는 노숙자 가족에겐 잠자리를 제공해야 한다. 시민의 권리라고 하지만 뉴욕시에서 살고 있지 않았던 중남미에서 온 이주자들도 이 규정을 적용받는다. 하지만 하루에 수백 명씩 늘어나는 그들을 제대로 수용하는 것은 불가능한 일이었다. 결국, 수용 시설이 모자라자 2023년 초부터는 시내 곳곳의 호텔을 통째로 빌려 이주자 숙소를 마련했고, 그마저도 한계에 다다르자 병원이나 학교 일부를 개조해 이들을 수용하기 시작했다. 이 조치에 영향을 받게 될 학교의 학부모들은 시위까지 조직하며 중남미 난민들의 학교 수용을 반대했다. 이주자들에게 학교를 개방하지 말라는 것. 뉴욕시가 맨해튼 대학교의 기숙사 건물을 망명 신청자를 위한 임시 숙소로 제공할 예정이라는 사실이 알려지자, 2023년 9월 25일에는 기숙사 앞에서 찬반 시위가 각각 열리기도 했다. 83개의 침실이 있는 이 건물을 망명 신청자를 위한 임시 숙소로 사용하기 위해 뉴욕시가 매년 240만 달러(약 32억 원)의 예산을 사용해야 한다는 것이 알려졌기 때문이다. 미국 시민들도 먹고사는 것이 어려운 마당에 소중한 세금이 이주자들을 위해 쓰이는 걸 용납할 수 없다는 것이 반대론자들의 주장이다. 반면에 원래 미국과 뉴욕은 이민자들의 도시이기에 새로운 이민자들을 받아들이는 데 세금이 쓰이는 것은 당연하다는 것이 찬성론자들의 입장. 미국 언론에 따르면 이주자들을 돕기 위해 뉴욕시에서만 1년에 약 20억 달러(약 2조 6000억 원) 이상의 예산을 사용해야 한다고 한다. 이 문제는 일시적인 것도 아니어서 점점 더 시의 재정난을 악화시킬 것으로 예상된다. 결국, 중남미 난민들 때문에 애초 미국 시민들이 누리던 다른 공공 서비스는 축소될 수밖에 없는 것이다. 이러다 보니 중남미 출신 불법 이주자, 난민들을 둘러싼 미국 사회의 갈등과 분열은 날이 갈수록 악화일로에 있다.

미국에는 'Sanctuary city, 성역 도시'라는 말이 있다. 불법체류 신분인 이민 희망자들을 적극적으로 보호해 주는 도시들을 일컫는 말이다. 대표적으로는 뉴욕이나 시카고, LA 등이 이런 도시에 속한다. 이 도시들의 성향은 대체로 비슷하다. 인종차별도 반대하고 동성애 등 소수자의 권익 보호에도 찬성하는 등 진보적인 성향을 보이는 시민들이 많이 거주하는 곳들이다. 그래서 각종 선거에서 공화당보다 상대적으로 진보적인 민주당 후보가 많이 당선되는 곳이다. 뉴욕을 예로 들어 보자. 뉴욕시는 2007년 마이클 블룸버그(Michael R. Bloomberg) 시장이 공화당을 탈당해 무소속이 된 이후에는 민주당 후보만 당선되고 있다. 뉴욕 주지사도 2007년 이후로는 민주당이 계속 배출하고 있다. 현재 캐시 호컬(Kathy Hochul) 주지사 역시 민주당 출신이다. 텍사스 등 보수적인 공화당 출신 주지사들이 중남미 난민들을 뉴욕과 같은 민주당 성향 지역으로 보내는 것도 바로 이런 이유 때문이다. 내가 아는 한 뉴욕 시민은 텍사스주의 난민 버스 이송을 "텍사스가 뉴욕에 'FXXK YOU!'를 날리고 있다."라고 표현했다. 에릭 아담스 (Eric Adams) 뉴욕 시장은 텍사스 주지사를 '미치광이'라고 표현했고 LA나 시카고 등 다른 도시의 정치인들도 텍사스 주지사를 비도덕적이라 비난했지만, 정작 당사자인 텍사스 주지사 그레그 애벗은 아랑곳하지 않는다. 오히려 반이민 정책을 지지하는 미국의 유권자들은 그를 영웅이라 칭하고 있다.

중남미 난민에 대한 미국인들의 분열된 여론이 미국 정치판의 새로운 변수로 떠오르고 있다. 민주당 출신 주지사나 시장이 있는 이른바 성역 도시들을 중심으로 난민 문제를 둘러싼 민심 이반도 확인된다. 지난 2022년 중간선거 결과를 한번 보자. 뉴욕 주지사 선거의 경우, 보통 민주당 후보가 큰 득표율 차이로 낙승했다. 이번에도 캐시 호컬 민주당 후보가 여유 있게 당선될 거라 모두 예상했다. 하지만 그녀는 52.8%의 득표율로 47.2%를 득표한 공화당의 리 젤딘 후보를 간발의 차로 눌렀다. 미국 언론들은 치안 문제와 이민자 유입에 대한 불안감이 유권자들을 흔들었다고 분석했다.

오늘도 난민들은 계속 늘고 있지만 미국 대도시의 수용 능력은 이미 한계에 다다랐다. 그들을 막자니 민주당의 전통 지지층은 반인륜적이라 반대한다. 반대로 트럼프 전 대통령은 난민들에 대한 지원을 끊고 진짜 미국인에게 돈을 쓰자고 주장한다. 이슈의 폭발력을 확인한 공화당은 중남미 난민 이슈를 2024년 대선의 핵심 의제로 삼고 있다.

5. 이민자들이 없으면 멈추는 나라

나는 한 달 반의 간격을 두고 한국 출신 원장님이 운영하는 동네 미용실에서 이발했다. 그곳에는 손님의 머리를 감겨 주고 내부 청소도 하는 직원이 한 명 있었다. 서툰 영어로 간단한 의사소통만 가능했던 중남미 출신 이민자였다. 고국 베네수엘라의 팍팍한 삶을 피해 무턱대고 친구들과 함께 국경을 넘어 미국까지 왔다고 한다.

우리나라는 최저임금을 시간당 10,000원으로 하는지에 대해 사회적 논쟁을 거듭하고 있지만, 미국은 지역별로 최저임금이 다르다. 뉴욕의 최저임금은 2015년부터 시간당 15달러(약 20,000원)로 정해져 있다. 코로나19 팬데믹 이후, 물가가 오르면서 인근 뉴저지주도 최소 15~20달러를 최저임금으로 주고 있다. 심지어 많은 업체가 '사이닝 보너스(signing bonus)'라고 해서 신규 직원이 일을 시작할 때 수백 달러에서 1,000~2,000달러를 계약금으로 주는 경우도 많아졌다. 신분이 불안정한 이민자라고 해서 임금에 차별을 둘 수 없는 것이 미국의 노동법이다. 미용실에서 일하는 이 직원도 하루 8시간, 주 5일을 일하고 '팁'까지 받으면 한 달에 약 4,000달러(약 540만 원) 정도 벌 수 있다고 한다. 나도 이발할 때면 그녀에게 5달러 정도의 관행적인 '팁'을 추가로 주곤 했다. 이 직원은 이렇게 번 돈으로 친구들 5명과 함께 사는 조그만 아파트의 월세를 나눠 낸다고 한다. 그리고 꼭 필요한 생활비만 쓰고 나머지는 모두 고국에 있는 가족들에게 보낸다고 한다. 우리 기준으로 보면 임금이 아주 높아 보이지만 최근의 미국 노동시장을 보면 낮은 임금 수준에 해당한다.

아침 10시, 미용실이 있는 마을 중심가에 버스가 도착하면 수십 명의 중남미계 노동자들이 한꺼번에 내린다. 이들은 식당, 미용실, 슈퍼마켓, 상점 등 각자의 일터로 무리를 지어 출근한다. 이런 광경은 뉴욕, LA, 시카고, 샌프란시스코, 워싱턴 D.C. 등 웬만한 미국의 대도시에서는 아주 흔한 광경이 되었다. 한국 식당을 가도 이제 주방에는 한국 사람이 별로 없다. 모두 스페인어를 쓰는 사람들뿐이다. 미국에서 스페인어는 마치 공용어처럼 쓰이고 있다. 웬만한 공문서에는 스페인어가 병기되어 있다. 인터넷 서비스를 신청하려고 전화해도 수화기 너머 자동 응답기에서는 영어 혹은 스페인어로 통화할지 물어본다. 이유는 간단하다. 영어는 잘하지 못하더라도 스페인어를 쓰는 인구가 미국에서 급속히 늘고 있기 때문이다.

인구가 줄고 있는 도시들의 경우, 적극적으로 중남미 출신 난민들을 불러들이려 하는 곳도 있다. 세인트루이스가 대표적인 곳이다. 세인트루이스는 중남미 출신 이주 노동자들을 도시로 유입시키기 위해 노력하고 있다. 마치 한국의 지방 도시들이 외국인 노동 인력을 유치해 저임금 제조업이나 서비스업을 유지하려는 것과 비슷하다. 세인트루이스는 계속해서 인구가 줄어들고 있는 도시인데 노동력이 부족해지자 인근의 시카고로 버스에 실려 옮겨진 중남미 난민들을 다시 데려오고 있다. 이들에게 3개월간 무상으로 주택을 지원하고 6개월간 전화, 인터넷 서비스도 무료로 제공한다. 영어와 컴퓨터를 가르쳐 주고 직업을 알선하기도 한다. 나아가 이민 관련 법률 지원까지 시 정부가 맡겠다고 한다. 중남미 출신 난민들을 쫓아내는 곳과 적극적으로 모셔 오는 곳, 미국 내에서도 이렇게 갈라진다.

　　미국의 구인난은 코로나19 팬데믹 이후 더욱 심각해졌다. 그 이유는 저임금 노동자로 일할 이주 노동자의 유입이 줄었기 때문이다. 미국 정부의 공식적인 영주권 발급 숫자를 찾아보면 좀 더 명확하게 그 실태를 알 수 있다. 미국 정부의 공식 통계에 따르면 버락 오바마 행정부의 마지막 해였던 2016년에 미국 정부는 총 104만 9,000여 명의 이민자에게 영주권을 발급해 주었다. 그리고 트럼프 대통령 취임 첫해인 2017년에는 약 93만 명이 미국 영주권을 획득했다. 하지만 반이민 정책이 본격화된 2018년에는 70만 2,000여 명, 2019년에는 59만 5,000여 명, 2020년에는 47만 7,000여 명으로 영주권을 획득한 이민자 수가 급격하게 줄기 시작한다. 그리고 코로나19 팬데믹이 시작되자 2021년에는 24만 7,000여 명의 이민자에게 영주권이 발급되는 데 그쳤다. 불과 5년 전보다 1/4 수준 이하로 떨어진 것이다. 그러자 미국 전역에서 극심한 인력난이 시작되었고 이런 구인난은 인건비의 상승과 물가 인상으로 이어졌다. 여기에 경기 부양을 위한 미국 정부의 양적 완화와 대규모 코로나 관련 지원금까지 풀리며 물가는 천정부지로 올랐다. 노동력 유입이 늘지 않으니 인건비는 상승했고 덩달아 물가도 올랐으며 구인난은 더 심해지는 악순환이 계속되었다.

　　앞서 말한 대로 바이든 행정부는 코로나19 팬데믹이 끝나고 엄격하게 규제하던 이민 노동력 규제 정책을 완화하기 시작했다. 2023년 여름부터 난민을 포함한 이민자들이 다시 유입되면서 미국의 구인난도 조금씩 해소되기 시작했다. 연방 노동부의 집계를 살펴보니 미국에서 일하는 외국 태생 이민노동자는 2023년 7월 기준으로 3,100만 명에 달했다. 2020년 1월과 비교하면 그 비중이 9.5%나 급증했다. 같은 기간 미국 태생 노동자는 1.5% 증가에 그쳤다. 그리고 이민노동자들의 69%가 필수 분야로 지정된 의료, 방역, 식료품, 농업, 건설, 식당, 수송 등의 분야에서 일한다. 평균 임금은 주급 기준으로 이민자들이 평균 885달러(약 120만 원), 미국 태생은 1,000달러(약 135만 원)를 받는다고 한다. 결국 험하고 힘든 업종에 이주 노동자들이 많이 일하고 있고 임금 수준도 싼 편이다. 통계에 안 잡힌 이민노동자들도 많은 만큼 실제 저임금 노동시장에서 해외 출신 노동력이 차지하는 비중은 가늠하기 힘들 정도로 크다.

또 다른 현상도 있다. 캘리포니아의 실리콘밸리 주변뿐만 아니라 북서부 다른 지역에도 신흥 주거 단지들이 많이 생기고 있다. 워싱턴주 시애틀의 예를 살펴보자. 마이크로소프트사와 보잉, 스타벅스 등의 본사가 있는 이곳으로 여러 테크 기업이 사옥이나 공장을 옮기면서 새로운 신도시도 함께 들어선다는 것이다. 텍사스주, 플로리다주, 조지아주 등에서도 비슷한 현상이 벌어지고 있다. 그런데 그런 곳에 가면 일반적인 미국 도시와는 인종 구성이 다르다는 것을 확연하게 체감할 수 있다. 곳곳에서 독특한 억양의 영어를 들을 수 있고 다양한 국적의 노동력을 만날 수 있다. 이런 곳은 중남미 출신이 아니라 아시아 출신 인구가 많다.

미국이민협의회에서 2022년 6월 펴낸 보고서에 따르면 이민자들이 미국의 의료업계나 헬스케어, STEM(과학기술공학수학) 등 첨단 분야에 적극적으로 진출하고 있다. 과학이나 공학 분야에서 해외 출신 이민자들은 2019년 통계로만 봐도 250만 명 정도가 일하고 있다. 전체 종사자 중 23%가 해외 출신이다. 20년 전과 비교하면 두 배 이상 증가한 숫자라고 한다. 미국에 의사가 약 98만 7,000명 정도 있는데 그중 이민자 출신이 총 26만 2,000여 명이다. 이민 2세대 이후, 즉 미국에서 태어난 이민자의 후손 숫자를 뺐는데도 그렇다. 매해 그 비중은 더 커지고 있다. 이민자 출신 첨단 분야 종사자들을 국적별로 보면 인도 출신이 약 72만 명으로 제일 많고 그 뒤를 중국, 멕시코, 베트남, 필리핀 출신들이 잇고 있다. 한국 출신의 첨단 분야 종사자도 무려 6만 4,000여 명으로 아시아 국가 중 6번째로 많다. 구글의 CEO 순다르 피차이(Sundar Pichai)처럼 글로벌 테크 기업의 CEO들 역시 대부분 인도를 비롯한 아시아계 이민자들이다. 미국의 혁신이 이루어지는 과학, 공학, 의학계를 아시아계 이민자들이 이끌고 있다고 해도 과언이 아니다.

그래서 나는 미국의 일부 정치인들이 이민자들을 혐오하며 반이민 정책의 필요성을 주장하는 것을 볼 때마다 이해가 되질 않는다. 미국 노동시장의 가장 아래와 위를 책임지고 있는 이민 노동력에 대한 이해가 없거나 아니면 알면서도 모른 체하는 게 아니고서는 그렇게 말하기 힘들기 때문이다. 그저 증오와 차별을 부추겨서 정치적인 이득을 보려는 것으로밖에 보이질 않는다. 이민자로 인한 부작용이 있다면 거기에 맞는 적합한 정책과 사회적 합의로 풀 일이다. 다시 말하지만 2024년 대선에서 이민 정책은 당락을 가를지도 모를 핵심 이슈 중 하나가 될 것이다. 과연 미국인들의 최종 선택은 무엇일지 지켜볼 일이다. 그 선택에 따른 후폭풍은 미국 경제 전반과 지금까지 영위되어 온 미국인들의 평범한 삶에도 큰 영향을 줄 것이다.

제6장

:
.

일상화된 공포

1. 무법천지, 샌프란시스코

미국은 동부와 서부의 분위기가 다르다. 동부는 유럽에서 온 백인들이 중심이 돼 초기 미국의 토대를 이루며 오랫동안 미국 정치, 외교, 경제의 중심지 역할을 했다. 이에 반해 서부는 19세기 중반 골드러시 바람을 타고 뒤늦게 발전했다. 백인 중심인 동부에 비해 서부는 이민자들의 비중도 높아 주민들의 인종도 다양하고 전반적인 분위기도 더 자유롭고 개방적이다. 그런 서부의 대표적 도시하면 LA와 샌프란시스코를 떠올린다. LA는 할리우드 때문인지 미국의 대표 문화 산업 도시로 유명하다. 샌프란시스코는 미국 자유주의 운동의 출발지로 꼽히며 골든게이트를 비롯한 관광 명소도 많아 낭만의 도시로 알려져 있다.

특파원 임기 동안 서부 출장도 자주 갔었는데 동부와 다른 서부의 분위기가 매력적으로 느껴졌다. 특히 샌프란시스코는 고향 부산과 비슷하다는 인상을 많이 받았다. 바다 내음 물씬 나는 부둣가에 들어선 수산물 시장, 그리고 롬바르드 거리 같은 꾸불꾸불한 해안가 도로와 촘촘한 주택가는 마치 부산의 산복 도로와 주변 주택가를 보는 거 같았다. 그런데 이런 낭만이 산산이 깨지는 일이 발생했다. 샌프란시스코가 내게 특파원 생활 중 최악의 기억을 남겨 줬기 때문이다.

2021년 7월, 기후 변화를 주제로 한 「다큐 인사이트」 팀의 취재 의뢰를 받아 3박 4일 일정으로 샌프란시스코, 새크라멘토 등 서부 지역 출장을 떠났다. 중요 인터뷰와 현장 취재를 모두 마치고 밤 비행기로 뉴욕으로 돌아갈 예정이었다. 간단히 끼니를 해결하려 샌프란시스코 도심 도로변 공영 주차장에 주차하고 40분 정도 자리를 비웠다. 밥을 먹고 돌아오는 길, 앞서서 가던 카메라 감독의 표정이 순간 굳어졌다. 이럴 수가! 우리가 탔던 렌터카 뒷문과 뒷자리 옆 창문이 모두 깨져 있었고 촬영 장비는 물론 상당수 개인 짐도 도둑맞은 듯 보였다. 땅바닥에 철퍼덕 주저앉고 말았다. 도둑들의 절도 행각을 목격했다는 한 주민이 우리에게 다가왔다. "당신들이 주차하고 떠난 지 몇 분 지나지 않아 검은색 차량이 도착하더니 복면을 한 두 명의 청년이 차에서 내렸어요. 유리창을 부수고 30초도 안 되는 시간에 짐을 챙겨 달아났어요."라고 전해 줬다.

곧바로 경찰에 신고했지만, 샌프란시스코 경찰은 '그 정도 사건은 워낙 많이 일어나는 일'이라 직접 출동할 수 없다고 했다. 굳이 사건 접수를 하고 싶으면 경찰서로 직접 오라고 했다. 조연출과 내가 직접 경찰서로 가 사건 신고를 했다. 담당 경찰 브라이언은 "요즘 이런 일이 정말 많이 일어납니다. 아마 물건을 다시 찾기 힘들 거예요. 그래도 노력해 볼게요."라며 우리를 위로(?)했다.

그러고 보니 샌프란시스코 도심을 이동하며 불길한 기운을 느낀 적이 많았다. 거리 곳곳에서 노숙인 텐트촌들이 많이 보였기 때문이다. 텐더로인, 마켓 스트리트, 유니언스퀘어 주변 등 샌프란시스코에서 관광객들이 많이 방문하는 지역에도 노숙인들이 많았다. 시내 곳곳에 적게는 열 명 내

외, 많게는 수십 명 단위의 노숙인들이 무리를 지어 생활하고 있었다. 샌프란시스코시의 2022년 공식 통계에 따르면 약 90만 명의 도시 인구 중 7,700여 명이 노숙 생활을 하고 있다고 한다. 실제 숫자는 그보다 훨씬 더 많을 것이다.

미국에서 노숙인이 늘면 자연스레 늘어나는 게 두 가지가 있다. 바로 마약과 범죄. 노숙인들은 삼삼오오 텐트 생활을 하는데 요즘엔 미국 대도시 뒷골목에서 직접 주사기로 마약을 투여하는 사람을 보는 일도 어렵지 않다. 샌프란시스코에서만 주사기를 사용해 마약을 투여하는 사람이 약 2만 4,000여 명에 달한다고 한다. 시내 곳곳에서 펜타닐 중독자도 쉽게 볼 수 있었다. 마치 좀비처럼 거리를 누비거나 움직이지 못하고 구부정하게 서 있는 사람들은 대부분 신종 마약 펜타닐과 관련된 사람들이다. 미국의 심각한 마약 중독 상황은 뒤에서 좀 더 자세히 다뤄 보겠다.

샌프란시스코에서 범죄도 많이 늘어났다. 특히 '스매쉬 앤 고(Smash & Go)'라는 범죄가 유행 중이다. 말 그대로 유리창을 부수고 물건을 훔쳐 달아나는 것. 나와 동료들이 겪은 일이었다. 총격전과 살인 사건도 크게 늘었다. 샌프란시스코 경찰관 조합의 2022년 통계에 따르면, 직전 3년간 폭력 범죄가 7.5% 증가했으며, 절도는 2020년 이후 20% 증가했다고 한다. 또한 2020년부터 2021년까지 살인 사건은 17% 증가한 것으로 발표됐다. 샌프란시스코의 폭력 범죄 발생률은 전국 평균보다 110.5%, 캘리포니아 평균보다 약 91% 높다고 한다. 낭만의 도시가 범죄로 얼룩진 공포의 도시로 변한 것이다.

샌프란시스코가 무법천지가 되면서 기업들도 떠나기 시작했다. 지난 2023년 8월, 미국의 대형 백화점 체인 중 하나인 노드스트롬이 샌프란시스코 매장에서 철수하겠다고 밝혔다. 급속하게 늘어난 범죄, 이 때문에 줄어드는 유동 인구로 인해 더 이상의 영업이 불가능했기 때문이었다. 미국의 유명한 식료품 체인인 홀푸드도 샌프란시스코 매장을 폐점했다. 매장내 절도 사건이 빈발하고 종업원들의 안전이 위협받아서였다. 약품과 생필품을 파는 월그린은 샌프란시스코 시내에서 다섯 개 매장을 철수했다. 샌프란시스코 매장은 미국 내 다른 점포에 비해 절도 사건이 4배나 많이 발생하고 보안 비용도 무려 35배나 더 들기 때문이었다. 샌프란시스코에 갈 때마다 느끼는 거지만 도심 상가 지역에서 문을 닫는 상점들이 계속 늘고 있다. 2023년 통계에 따르면 샌프란시스코 상가의 공실률이 약 35%에 달한다고 한다.

샌프란시스코는 IT 인재가 밀려들던 혁신의 도시로 유명했다. 연간 온난한 지중해성 기후로 기업들이 입주하기 좋은 조건이었고, 주변에 있는 스탠퍼드와 UCLA 등 명문대에서 인재들도 꾸준히 유입되었다. 태평양 연안이다 보니 인도나 한국, 중국 같은 곳의 아시아계 인재들도 많이 몰려들었다. 샌프란시스코 남쪽 실리콘밸리에는 세계적인 혁신 기업들의 본사가 앞다퉈 입주했다. 애플, 구글, 어도비, 메타(페이스북의 전신) 같은 기업들의 본사가 바로 샌프란시스코 일원에 있다. 능력 있는 고연봉 인재들이 몰려들며 샌프란시스코 일대의 물가도 크게 올랐다. 주거 비용은 세계 최고 수준에 이르렀다. 2023년 인터넷 통계 사이트 넘비오가 도심의 방 3개 짜리 기준으로 아파트 월세를 비교해 보니 샌프란시스코가 5,950달러(한화 약 780만 원)로 세계 4위를 차지했다. 그런데 돈과 인재가 몰려드는 낭만의 도시였던 샌프란시스코에 도대체 무슨 일이 있었던 것일까.

많은 전문가와 언론은 샌프란시스코가 무법의 도시로 변한 건 코로나19 팬데믹이 큰 영향을 끼쳤다고 진단한다. 전대미문의 코로나19 팬데믹으로 큰 희생을 치렀지만, 동시에 우리는 사무실에 출근해야만 일을 할 수 있다는 오랜 편견을 깰 수 있었다. 생각보다 재택근무가 효율적이라는 인식이 퍼졌다. 특히 샌프란시스코 주변에 있는 IT 테크 기업들의 경우, 산업 특성상 제조업이나 서비스업체들과는 달리 화상회의가 잘 이루어지면 재택근무만 해도 큰 문제가 없었다. 이렇게 재택근무 문화가 이 지역에 자리 잡았다. 팬데믹은 마무리됐어도 여전히 직장인들의 재택근무 비율은 높게 유지되고 있다. 사람들은 돈 많이 드는 샌프란시스코에 사느니 아예 교외 지역으로 집을 옮겨 주거비를 낮췄다. 심지어 다른 주로 이주해도 일하는 것이 큰 문제가 되지 않았다. 이렇게 되면서 샌프란시스코와 주변 도시는 공동화되었고 그 빈자리에는 노숙인들이 몰려들었다. 노숙인들은 거리에서 마약을 하고 범죄를 저지르며 다시 도시를 황폐하게 했다. 이렇게 되자 남아 있던 주민들이 또 떠나고 상점들은 문을 닫아 버린다. 범죄가 늘어나 기존 치안력에는 공백이 생기고 경찰력이 더 무기력해지는 최악의 악순환이 반복되고 있다. 연중 따뜻한 기후라서 살기 좋다며 인재들이 모여들었다면 이제는 노숙인들도 그 기후가 좋아 샌프란시스코로 모여들고 있다.

여기서 또 다른 원인이 있다는 주장도 있다. 캘리포니아주는 2014년부터 'Proposition 47(발의안 47)'을 시행하기 시작했다. 'The Safe Neighborhood and Schools Act, 안전한 이웃과 학교법'이라고 명명된 법이다. 학교와 관련된 예산을 확보하기 위해 950달러(약 127만 원) 미만의 절도는 경범죄로 분류해 처벌 수위를 낮추었다. 마약 범죄에 대한 처벌 수위도 낮아졌다. 교도소에 수감할 만한 범죄 기준을 낮추는 것과 학교가 무슨 관계일까. 이 법은 바로 경범죄를 확대해 범죄자 수용 시설에 드는 예산을 줄여 그 돈으로 학교 예산을 더 확보하자는 취지에서 시작된 것이다. 최근 들어 이 법안이 거센 논란에 휩싸였다. 샌프란시스코를 비롯한 캘리포니아 지역에서 절도와 마약 범죄가 증가하고 있는 이유가 이 법 때문이라는 여론이 거세졌다. 샌프란시스코의 치안 상황에 대한 시민들의 불안은 임계치에 이르렀다. 심지어 2022년 6월, 샌프란시스코의 선출직 검사장이었던 체이서 부딘은 범죄에 대한 대처가 소극적이라며 시민들의 분노를 샀고, 주민소환투표를 통해 해임됐다.

내가 샌프란시스코에서 절도 사건을 당하고 3달이 지나서야 샌프란시스코 경찰에서 연락이 왔다. 브라이언 경관은 친절하게 나에게 이메일을 보내 '범인을 결국 잡지 못했다'고 알려 주었다. 다행히 보험을 통해서 분실물에 대한 보상은 어느 정도 받았다. 하지만 그 사건을 겪고 나서는 샌프란시스코에 갈 때마다 극도의 긴장과 불안감이 몰려온다. 2022년 10월, 휴가를 얻어 가족들과 서부 여행을 떠났다. 1박 2일 동안 샌프란시스코에도 들렀다. 혹시나 모를 위험에 대비하기 위해 비싸더라도 실내 주차장만 이용했다. 그리고 인파가 많은 도심 지역만 해가 지기 전에 돌아다녔다. 그런데 샌프란시스코에 머물렀던 이틀 동안 내가 당했던 것과 똑같은 방법으로 피해를 본 차량을 두 대나 목격했다. 망연자실해 있는 관광객들은 경찰을 기다리고 있었지만, 이번에도 경찰은 바로 나타나지 않았다. 도시 곳곳에는 차량 절도를 조심하라는 경찰의 경고문만 민망하게 나부끼고 있었다.

2. 펜타닐에 무너지는 미국

2022년 10월 초, 뉴욕에서 차를 몰아 4시간 달려 메릴랜드주 던도크에 도착했다. 3년 전 아들을 잃었다는 한 어머니를 만났다. 집안 곳곳에 먼저 떠난 아들의 사진과 물건들이 놓여 있었다. 어머니는 아직도 마음속에서 아들을 떠나보내지 못한 듯 보였다. 에이프릴 뱁콕 씨가 내게 말했다. "평소에 이 사진들을 제 침실에 걸어 두고 지냅니다. 눈을 뜨면 제일 처음 보는 게 '오스틴' 세 글자입니다. 그 글자 자체가 저를 행복하게 하고 글자를 보는 게 그를 애도하는 제 방식이기도 하고요." 오스틴, 아들의 이름을 말할 때가 돼서야 인터뷰 내내 슬펐던 표정이 사라지고 뱁콕 씨가 환하게 웃었다. 그녀의 아들, 오스틴 뱁콕은 2019년 사망했다. 당시 그의 나이 25살이었다. 환하게 웃던 뱁콕 씨에게 아들이 언제 제일 그립냐 물었다. 웃음기는 사라지고 이렇게 답했다. "어제보다 오늘 더 그리워요. 내일은 오늘보다 더 그리울 겁니다. 언제나 보고 싶어요."라고 말하더니 갑자기 눈물을 흘리기 시작했다, 아들을 먼저 보낸 어머니의 모습을 보니 나도 덩달아 눈시울이 뜨거워졌다.

아들 오스틴에게는 어떤 일이 있었던 것일까. 오스틴은 우울증을 앓고 있었다. 그래서 가끔 신경안정제나 마약성 진통제를 먹었다고 한다. 병원에서 약을 직접 처방받은 적도 있지만, 인터넷에서 구한 약을 먹기도 했다. 그런데 3년 전 어느 날, 아들이 구한 약은 평소와 달랐다. 그 약을 먹고 아들은 갑자기 사망했다. 어머니는 아들의 정확한 사인을 뒤늦게 확인했다. 뱁콕 씨는 어렵게 말을 이어 갔다. "사인 보고서에 따르면 코카인과 펜타닐의 독성이 사망의 원인이라고 되어 있습니다. 아들이 애초 구하려던 약이 아니라 다른 약을 먹은 겁니다. 속아서 펜타닐을 구매한 겁니다." 아들 오스틴과 비슷한 이유로 사망한 미국의 젊은이들이 기하급수적으로 늘고 있다.

여기서 등장하는 펜타닐. 이제는 그 악명이 한국뿐만 아니라 전 세계에 퍼졌지만 불과 몇 년 전만 해도 미국에서조차 낯설어했던 약물이다. 펜타닐은 말기 암 환자에게 사용되는 마약성 진통제로 그 중독성이 모르핀의 100배에 이른다. 헤로인에 비해서도 중독성이 50배 이상이라 2mg의 소량만 인체에 들어가도 사람의 생명을 앗아 갈 수 있다고 한다. 미국의 한 경찰관이 마약 사범을 검문하다 차에 실려 있는 펜타닐의 냄새만 맡고도 실신해 버린 적이 있다. 이 사건은 SNS에서 펜타닐의 독성이 얼마나 강한지 보여 주는 대표적인 사례로 널리 퍼지고 있다. 펜타닐은 독성이 강하지만 과거의 마약들과는 태생부터가 완전히 다르다. 과거 미국의 제일 골칫덩어리 마약, 코카인처럼 비밀 장소에서 비싼 원료를 가지고 비밀스러운 조직원들의 수작업을 통해서 만들어지지 않는다. 아주 싼 비용을 들여 공장에서 찍어 내듯 만들 수 있다. 그러다 보니 애초의 진통제 목적이 아닌 가장 저렴한 대체 마약으로 유통되기 시작한 것이다. 주로 중국이나 인도에서 복제약 형태로 만들어져 멕시코를 통해 미국과 전 세계로 유통되고 있다. 심지어 분말 형태로 기존의 진통제나 마약에 첨가돼 불법 유통되기도 한다. 마약 업자들이 제조원가를 낮추고 중독성을 높이기 위해 펜타닐을 다른 약에 몰래 첨가해 유통하는 것이다. 펜타닐 피해자의 상당수가 자신이 먹는 약에 펜타닐이 함유된 줄 모르고 피해를 보고 있다. 물론 펜타닐의 강력함과 중독성을 경험한 사람들이 일부러 알고 찾는 일도 있다.

펜타닐은 극소량만으로도 사람의 생명을 잃게 할 수 있어서 피해자가 기하급수적으로 늘고 있다. 특히 펜타닐의 마수가 미국 청소년들에게 깊숙하게 미치면서 나이 어린 피해자도 많아지고 있다. 뉴욕에서 청소년 피해자 가족을 만났다. 뉴욕시 외곽 지역에서 만난 데스피나 프로드로미디스 씨는 올리비아 그린의 어머니다. 프로드로미디스 씨는 지난 2021년 4월, 15살 생일이 갓 지난 딸 올리비아 그린을 펜타닐 때문에 잃었다. 올리비아는 어떻게 펜타닐을 흡입하게 됐을까. 데스피나 씨는 떠올리기도 싫은 이야기지만 더 이상의 피해자를 막고 싶다며 그때의 이야기를 내게 들려주었다. "제 딸은 온라인 채팅을 통해 한 성인 남자를 만났습니다. 그 사람은 어린 딸을 이용하고 속였어요. 그는 딸에게 기분 좋게 해 주는 약이라며 알약을 하나 건넸고 딸은 그 약이 무엇인지 전혀 몰랐습니다. 위조품이었고 치명적인 독이 가득한 펜타닐이었어요." 호기심에 시작한 온라인 채팅에서 만난 남자는 올리비아에게 펜타닐을 먹였다. 올리비아는 약을 먹은 뒤 정신을 잃었고 범인에게 끔찍한 폭행까지 당한 채, 싸늘한 시신으로 가족에게 돌아왔다.

프로드로미디스 씨는 올리비아가 쓰던 방을 딸을 위한 추모 공간으로 꾸며 놓고 있었다. 딸의 친구들이 써 준 추모글을 내게 읽어 주며 어머니는 다시 눈물을 흘렸다. 어머니의 스마트폰 속에 남아 있는 올리비아의 모습을 보며 나 역시 슬픔에 휩싸였다. 어머니는 딸이 온라인 채팅으로 사람을 만난 것 자체는 큰 잘못이었다고 말했다. 사람들이 "딸이 왜 그랬냐?"라고 묻는다면 딸의 잘못을 두둔할 생각이 없다고 말했다. 하지만 15살의 어린 딸이 죽어야 할 만큼의 큰 죄를 지었다고 생각하지 않는다고 했다. 무엇보다 평소에 약물 이력이 없었던 딸이었기에 단 한 번의 실수로 돌이킬 수 없는 불행이 발생한 건 사회적 타살이라 주장했다. "알약 단 하나로 딸의 인생이 끝났습니다. 그건 과다 복용 문제도 아닙니다. 위조품이었고 독으로 가득 차 있었어요. 누군가가 그 독을 거기에 넣었고요. 그래서 그건 어른들이 아이를 죽인 살인 사건이 되는 겁니다."라고 울부짖었다.

지난 3년간 출장을 다닐 때마다 미국 곳곳에서 펜타닐로 인해 가족이 희생당한, 특히 청소년 희생자가 주변에 있다는 이야기를 자주 들었다. 펜타닐 피해 청소년의 유족도 여러 번 만났다. 특히 시골 지역에서 그 피해가 심했다. 도시보다는 펜타닐에 대한 정보가 부족하고 막상 피해가 발생했을 때 대처하는 것도 상대적으로 늦기 때문이다.

2022년 5월, 미국 마약단속국은 펜타닐 희생자들을 위한 추모관을 청사 내에 별도로 만들었다. 그만큼 피해자가 크게 늘고 있기 때문이다. 미국 국립보건통계센터 자료에 따르면 2021년 미국에서 약물 과다 복용에 의한 사망자 수가 10만 6,699명인데, 이중 펜타닐을 포함한 아편류의 과다 복용으로 사망한 사람이 7만 601명에 이른다고 한다. 특히 희생자 중에서 10대가 늘고 있는 것은 통계로도 확인된다. 2021년에만 1,146명의 미국 청소년이 약물 과다 복용으로 사망했다. 그중 펜타닐 관련 사망자의 비중이 무려 77%에 달한다.

미국 사회는 왜 이렇게 펜타닐에 속수무책 당하고 있는 것일까. 캘리포니아에 사는 네빌 씨의 가족과 화상 인터뷰를 진행했다. 에이미 네빌 씨는 아들을 잃은 후, 펜타닐 피해를 막기 위한 사회적 운동에 적극적으로 참여하고 있다. 미국 언론에도 자주 출연하고 사비를 들여 펜타닐 예방 영화를 만들기도 했다. 그녀의 아들 알렉산더 네빌은 2020년 14살의 나이로 세상을 떠났다. 그때의 일에 대해 어머니는 담담하게 설명을 시작했다. 학교 생활이 힘들었는지 아들은 인터넷을 통해 부모 몰래 신경안정제를 구해 먹고 있었다 한다. 그러던 어느 날, 아들이 갑자기 오더니 이렇게 말했다고 한다. "엄마 아빠, 저 할 말이 있는데 옥시코돈(마약성 진통제)을 먹어 보고 싶어 소셜 미디어를 통해서 샀어요. 그런데 거기서 벗어날 수 없어요. 이유를 모르겠어요."라고 아들은 말했다. 부모는 큰 충격을 받았다. 자기들도 모르는 사이 아이의 마음이 아팠다는 사실에 놀랐고, 아들이 인터넷을 통해 몰래 약을 사 먹고 있다는 사실에 또 놀랐다. 당장 치료 센터를 알아보기 시작했다. 그런데 진료 일정을 알아보기로 한 그날 밤, 아들은 갑자기 세상을 떠났다. 병원에서 구한 신경안정제가 아닌 SNS에서 유통되는 불법 약품을 사서 먹은 뒤였다. 알렉산더는 그 약을 옥시코돈으로 알고 구매했는데, 나중에 알고 보니 그 약에는 펜타닐이 함유되어 있었다.

미국의 펜타닐 문제, 특히 청소년들이 죽음에 이르는 불행은 소셜 미디어 SNS가 널리 퍼지면서 시작된 사회적 재앙이었다. 미국의 각종 SNS에서는 암호나 그들만의 이모티콘을 통해 마약 혹은 마약 성분이 첨가된 진통제, 신경안정제가 유통되고 있다. 마치 군대에서 경계병들이 매일 암구호를 바꾸듯, 그들이 마약을 구하는 언어 또한 계속 바뀌면서 은밀히 공유되고 있었다. 단속을 피해 일정 기간이 지나면 신호들은 또 바뀐다. 나도 직접 SNS에서 마약을 구하기 위해 시도해 봤다. 어렵지 않게 여러 가지 앱을 통해 마약상들과 연락이 닿았다. 누구든 이렇게 쉽게 온라인으로 마약을 구할 수 있다는 사실에 등골이 오싹했다.

미국에서는 펜타닐 문제를 "21세기 아편전쟁"이라고 말하는 사람들도 있다. 앞서 말했듯이 펜타닐은 보통 멕시코의 마약 카르텔을 통해 미국으로 들어온다. 그런데 이 멕시코의 마약 카르텔들은 중국 화학업체들로부터 펜타닐 원료를 공급받고 있다. 중국과 멕시코의 범죄 조직들이 배후에 있는 것이다. 미국 정부는 중국 정부에 협력을 요청하고 있다지만 중국이 적극적으로 도와주지 않는다고 주장한다. 미·중 관계가 최근 들어 냉랭해지다 보니 실제 협조도 어려워졌거니와 서로 간의 신뢰도 깨진 상황이다. 그래서 미국의 펜타닐 위기를 "21세기 아편전쟁"이라고 부르는 사람들이 생겨난 것이다. 19세기 말에 영국이 아편을 이용해 중국(청나라)을 무너뜨렸다면, 지금은 중국이 펜타닐 위기를 조장하며 미국의 위기를 부추기고 있다는 것. 메릴랜드에서 만났던 뱁콕 씨도 나에게 "이 문제는 미국을 해체하기 위해 중국 공산당이 벌이는 작전입니다."라고 주장했다.

펜타닐 위기에는 SNS, 중국이나 멕시코의 비협조 등 여러 이유가 있는 것은 분명하다. 하지만 나는 근본적인 문제는 따로 있다고 생각한다. 마약 문제는 미국이 가진 의료보험 체계에서도 원인을 찾아야 한다. 뜬금없이 의료보험이 무슨 관계냐고 의아해하는 사람이 많을 것이다. 하지만 논리는 단순하다. 미국의 의료보험 체계는 한국과 완전히 다르다. 가입자가 개별 회사를 골라 직접 가입하는 민영 의료보험 시스템이다. 보험료도 천차만별이지만, 대체로 한국보다 매우 비싸다. 중상급 의료보험 상품의 경우, 1인당 월 400~500달러(한화 약 53만 원~67만 원) 정도의 보험료를 내야 한다. 그래서 많은 미국인이 의료보험 가입을 포기하게 된다. 하지만 우울증이나 공황장애 같은 정신질환을 앓는 미국인은 계속 늘고 있다. 결국, 미국의 저소득층은 신경정신과를 찾는 대신 불법적인 경로를 통해 마약성 진통제를 찾게 되거나 펜타닐의 유혹에 빠지게 된다. 거기다 SNS 등을 통해 처방전이 없어도 쉽게 약을 구할 수 있는 환경이 되었으니 상황은 더욱 나빠졌다.

미국의 마약은 매일 진화하고 있다. 2022년 10월 5일, 사탕과 초콜릿을 이웃끼리 주고받는 핼러윈을 앞두고 있던 시점이었다. 뉴욕시에서 1만 5,000여 개의 펜타닐 알약이 압수됐다. 수만 명을 죽이고도 남을 이 펜타닐은 레고 장난감 상자에 숨겨져 있었다. 알록달록한 무지개 알약으로 변신한 펜타닐은 우리가 가진 마약에 대한 고정관념마저 완전히 깨부수었다. 미국에서 이제 펜타닐 안전지대는 없다.

3. 좀비 거리, 켄싱턴을 가다

누군가 내게 "지금 가장 심각한 미국 사회의 문제가 뭔가요?"라고 묻는다면 나는 단연코 "마약"이라 답할 것이다. 과거 미국의 '마약' 문제는 넷플릭스 시리즈 「수리남」이나 「나르코스」(NARCOS)를 보면 그 상황을 잘 파악할 수 있다. 중남미에서 생산된 마리화나나 코카인이 불법 루트를 타고 미국으로 들어와 유통되면서 생긴 문제들이었다. 그런데 이제는 중남미산 코카인은 미국에서 옛날 이야기가 돼 버린 지 오래다. 지금은 미국 사회 곳곳, 전 세대에 걸쳐 다양한 마약이 유통되면서 미국 사회 근간을 흔들고 있다.

미국의 마약 위기를 가장 극명하게 보여 주는 곳이 있다. 바로 펜실베이니아주 필라델피아의 켄싱턴 거리. 최근에는 언론 보도나 유튜브 영상 등을 통해 미국뿐만 아니라 한국 등 전 세계 사람들에게도 실상이 생생하게 알려진 곳이다. 우리나라에서는 2022년 3월, KBS 「특파원 보고 세계는 지금」을 통해 켄싱턴 거리의 현장 상황이 생생하게 알려지며 폭발적인 반응을 일으키기도 했다. 워싱턴 D.C.에 근무하던 선배 PD 특파원이 이곳을 취재했는데 본방송 시청률도 잘 나왔다. 유튜브 클립은 658만 명 이상 (2024년 1월 통계)이 시청해 지금도 깨지지 않는 「세계는 지금」의 유튜브 시청자 수 1위의 기록을 차지하고 있다. 그리고 1년 뒤, 2023년 3월 이번에는 내가 다시 한 번 그곳을 가 보기로 했다. 한국에서도 워낙 마약 문제가 심각해지고 있어서 '켄싱턴 거리의 1년 후 모습'은 어떻게 변했는지 살펴보자는 취지였다.

뉴욕에서 차로 2시간 가면 도착하는 곳, 1790년부터 10년 동안 미합중국의 첫 수도였던 필라델피아. 그만큼 독립 초기의 역사적 유산이 많고 전통이 살아 숨 쉬는 곳이다. 그런데 이 도시의 북동부에 "좀비 랜드"라 불리는 악명 높은 마약 거리, 켄싱턴 거리가 자리 잡고 있다. 최소 6천 명 이상으로 추정되는 필라델피아 노숙인의 상당수가 이 켄싱턴 주변에서 생활하고 있다.

보슬비가 내리던 2023년 2월의 한 토요일, 켄싱턴으로 향했다. 마약 중독자들도 많은데 하루걸러 하루씩 총격전이 벌어지는 곳인 만큼 취재 며칠 전부터 꽤 긴장됐다. 조연출, 카메라 감독과 함께 만일의 경우를 대비한 도망 작전까지 세웠다. '절대 차에서 내리지 말고 위험한 상황이 생기면 카메라를 아래로 내린 다음 무조건 도망간다!', 안전을 가장 우선시하자며 서로 다짐하고 켄싱턴 거리로 진입했다. 현지의 NGO 단체 역시 우리에게 '절대 차에서 내리지 말 것'을 신신당부했다.

거리로 접어들자마자 노숙인들이 눈에 띄었다. 상점 앞이나 지하철역 주변, 주택가 할 것 없이 노숙인들이 무리를 지어 생활하고 있다. 이렇게 노숙인들이 켄싱턴 주변에 모여 지내는 이유는 단순하다. 마약을 구하기 쉽기 때문이다. 노숙인들이 거리에 넘쳤고 마약 중독자로 의심되는 특이한 행동을 하는 사람, 이른바 '좀비'들이 즐비했다. 좀비처럼 가만히 서 있거나 몸을 구부린 채 천천히 움직이는 사람들, 눈빛은 초점을 잃었고 한두 걸음 가다 이내 다시 서서 몸을 비틀기를 반복하고 있었다. 왜 이곳이 "좀비 랜드"라 불리는지 단번에 알 수 있었다. 취재를 준비하며 여러 번 관련 영상을 봐 왔지만 눈 앞에 펼쳐진 비참한 광경은 실로 충격적이었다.

이곳에서 마약 중독자들을 도와주고 있는 캘빈 워커 씨를 만났다. 켄싱턴 현장에서 인터뷰하는 것이 위험해 그를 차에 태우고 10분 정도 이동해 다른 곳에서 이야기를 나눴다. 그는 이렇게 말했다. "마음이 너무 아픕니다. 정말 많은 젊은이가 켄싱턴으로 와서 마약에 중독되고 있어요. 지난해보다 상황이 더 안 좋아졌어요…." 그렇지 않아도 전국에서 모여드는 마약 중독자들로 골머리를 앓았는데, 팬데믹 이후에 더 많은 사람이 모이고 있다고 한다. 그와 함께 차를 타고 다시 켄싱턴 거리로 가 보았다.

처음 우리끼리 차를 타고 돌아볼 때는 알아차리지 못했던 광경들이 눈에 들어오기 시작했다. 바로 마약상들의 존재였다. 틴트, 즉 밖에서 잘 보이지 않게 유리창의 선팅을 강하게 한 차들이 도로 곳곳에 시동을 켜 둔 채로 서 있었다. 중독자들이 다가가 창문을 두드리면 마약상들이 창문을 내려 마약과 돈을 교환했다. 모두 익숙한 듯 거래는 몇 초 안에 끝이 났다. 대담하게 노상에서 마약을 거래하는 사람들도 있었다. 켄싱턴에서 비틀거리지 않고 걸어 다닐 수 있는 사람은 모두 마약상이라는 말이 있다고 한다. 그 말이 실감 날 정도로 좀비 같은 중독자들과 좀비가 아닌(?) 건강한 체격의 남성들로 이루어진 마약상 무리는 쉽게 구별되었다.

한참 동안 차에 탄 채로 줌렌즈를 당겨 마약 거래 현장을 찍고 있는 순간, 뭔가 이상한 느낌이 싸하게 들었다. 아니나 다를까. 우리가 차 안에서 촬영하고 있다는 것을 알아차린 한 마약상이 갑자기 차를 향해 돌진하기 시작했다. 등골이 오싹했다. "밟아!", 나는 외쳤다. 우리 차를 향해 손에 들고 있던 무언가를 휘두르며 뛰어오는 마약상을 어렵사리 따돌렸다. 십년 감수했다. 한국에서든 해외에서든 시사 프로그램을 제작하다 보면 이런 상황을 종종 겪어 본다. 하지만 총기가 퍼져 있는 미국 마약 거리에서 누군가에게 위협당한다는 것은 상상 이상의 두려움으로 다가왔다. 마약상의 돌진을 피해 코너를 돌아 빠져나가며 한숨을 돌리자, 이제는 마약을 주사기로 직접 투여하는 사람들이 눈에 들어왔다. 거리 곳곳에 경찰이 배치돼 있지만 공공연한 마약 거래를 막기에는 역부족이었다. 그저 경찰은 더 큰 강력 범죄를 막고 중독자들이 다른 거리로까지 퍼져 나가는 것을 막는 데 치안의 초점을 맞추고 있는 듯 보였다.

켄싱턴 거리를 포함해 미국에서 현재 가장 문제가 되는 마약은 물론 펜타닐이다. 펜타닐은 앞에서 자세히 설명했듯이 원래 말기 암 환자에게 사용되는 마약성 진통제였다, 최근 미국 마약 사망 사고 원인의 77%가 바로 펜타닐이다. 그런데 이제 미국의 마약은 펜타닐을 넘어 새로운 양상으로 번지고 있다고 한다. 뉴욕시 마약특별수사국의 브리짓 브레넌 검사와 화상 인터뷰를 가졌다. 브레넌 검사는 "펜타닐은 사람에게 정말 빨리 영향을 끼칩니다. 스스로 문제가 있다는 것을 느끼기 전에 호흡이 멈출 수 있으며, 다른 사람들이 환자를 도와주기도 매우 어렵습니다. 그런데 여기에 더해 펜타닐은 이제 '자일라진'이라는 다른 약물과 혼합되어 유통되고 있습니다."라고 말했다. 새로운 마약이 등장했다. '자일라진'.

도대체 자일라진은 또 무엇이란 말인가. 나는 수소문 끝에 자일라진과 켄싱턴 생활에 대해 말해 줄 수 있다는 사람을 만날 수 있었다. 5년 동안 켄싱턴 거리에서 생활했다는 앤서니 씨. 2022년 9월까지 켄싱턴 거리에서 온갖 마약에 손대며 노숙인 생활을 했다고 한다. 앤서니는 중학교 시절 부모의 이혼을 겪은 뒤, 마리화나를 시작했다. 그러다 코카인 중독자가 되었고 값싼 펜타닐이 등장하자 앤서니의 마약중독은 더욱 심각해졌다. 결국 그는 뉴저지의 집을 버리고 마약을 좀 더 쉽게, 그리고 더 편하게 하려고 무작정 차를 몰고 이곳 켄싱턴으로 왔다. "제 마약중독이 통제 불능 상태에 이르자 저는 켄싱턴 거리에 차를 세워 두고 그 안에서 지냈어요. 그러다 차도 결국 도둑맞았습니다. 그때부턴 텐트에서 생활하기 시작했죠." 내가 만난 마약 중독자들에게 켄싱턴 거리로 사람들이 모여드는 이유를 물었다. 중독자들은 하나같이 "켄싱턴으로 오면 마약을 쉽게 구할 수 있고 또 주변에 중독자들이 워낙 많으니 죄책감도 덜 들기 때문입니다."

앤서니 씨는 2022년 9월, 마약을 끊고 켄싱턴을 떠나기로 했다. 자일라진의 무서움을 알았기 때문이다. 그는 자일라진 때문에 생명을 잃을 수 있다는 두려움에 휩싸였다. 지역 구호단체에 도움을 요청해 마약을 끊고 치료를 시작했다. 금단증상 때문인지 인터뷰 내내 조금은 불안해 보이던 앤서니, 하지만 자일라진 이야기가 나오자 그는 단호한 어투로 말하기 시작했다. 그와 같은 마약 중독자에게도 자일라진은 두려움의 대상이었다고 한다. "자일라진은 펜타닐과 혼합해서 사용하면 나중에라도 환자의 증상을 치료하기 어렵게 만듭니다. 그건 정말 심각한 문제예요. 정말 무섭습니다. 그래서 저는 매일 그곳에서 벗어나고 싶었어요."

해독 치료도 먹히지 않는 이 신종 마약 '자일라진'은 원래 말이나 소에 사용되는 진정제라고 한다. 사람에게 사용할 수 없는 약이지만 다른 마약들과 혼합해 오용하는 경우가 미국에서 크게 늘고 있다. 펜타닐에 대한 사회적 경각심이 높아지며 예전보다 유통이 어려워지자 대체 마약으로 떠올랐기 때문이다. 미국에서 불법 판매되고 있는 펜타닐 알약의 가격은 대략 개당 2~3달러(3,000~4,000원) 수준이다. 그런데 자일라진은 가격은 더 싼데, 중독성은 더 강하다. 동물에 사용하는 마취제다 보니 그 독성 또한 매우 강력하다. 우리가 켄싱턴에서 흔히 봤던 마약 '좀비'들을 생각해 보자. 펜타닐을 장기간 사용하면 좀비처럼 행동이 변한다. 마약이 사람의 중추신경을 마비시키기 때문이다. 그런데 이 자일라진은 한두 번의 사용만으로도 사람을 '마약 좀비'로 만들어 버릴 만큼 독성이 강력하다고 한다. 더 큰 문제는 자일라진 사용이 오래되면 피부에 농양이 생길 수 있고 피부가 괴사하는 일까지 발생한다. 심지어 팔다리를 절단해야 할 수도 있다. 켄싱턴 거리 곳곳에서 팔다리에 붕대를 감고 있거나 목발이나 휠체어에 의지한 사람들을 볼 수 있었다. 다리를 절단한 사람들도 있었다. 모두 자일라진의 피해자들이다. 앤서니에게 혹시 자일라진으로 인해 피부에 문제가 생긴 적 있냐고 물었다. 그는 초기에 자일라진을 끊어서 다행히 피부에 고름이 생기는 정도의 손상만 입었다고 한다. 하지만 주변 중독자들은 자일라진으로 인한 피해가 막심했다. 앤서니 씨가 말했다. "켄싱턴 거리에 있는 사람 10명 중 2명, 적어도 10명 중 1명은 몸 어딘가에 야구공 크기 이상의 상처가 있어요." 2023년 봄, 필라델피아 보건 당국이 조사한 바에 따르면 켄싱턴에서 거래되는 마약 샘플 90% 이상에서 자일라진 성분이 검출됐다고 한다.

며칠 뒤 다시 켄싱턴 거리를 찾았다. 지난번 취재 때 마약상에 쫓겨 급히 현장을 떠나느라 편집에 쓸 만한 현장 그림이 부족했기 때문이다. 사실 나를 포함한 모든 스태프가 켄싱턴에 다시 가기가 두려웠다. 하지만 그림이 없으니 어쩌랴. 용기를 내 켄싱턴 거리로 진입했다. 오늘도 분위기는 여전했다. 평일이었지만 날씨가 좀 따뜻해져서인지 더 많은 '좀비'들이 거리에 넘쳐 났다.

켄싱턴을 두 번째 방문했을 때는 지난번과는 달리 차 밖에서 보이지 않는 크기의 소형 카메라도 준비했다. 스태프들과 위급 상황에 대한 행동 요령도 더 구체적으로 준비해 왔다. 하지만 소용없었다. 같은 차를 이용해 켄싱턴 거리를 몇 바퀴 돌자 주변에서 우리 차를 이상하게 쳐다보기 시작했다. '좀비'처럼 굳어 있는 중독자들 무리를 촬영하고 있는 순간, 차창 안 낯선 아시아인들을 발견한 한 마약 거래상이 다가왔다. 우리 차 창문에 대고 욕설을 퍼붓기 시작했다. "Fxxk you!, 어서 이곳을 떠나!"라고 그는 소리쳤다. 지금 당장 켄싱턴을 뜨고 싶었지만, 미리 생각해 둔 한 현장이 하나 더 남아 있었다. 그곳만 카메라에 담은 뒤 이곳을 떠나기로 했다. 주변 공원 어귀에서 벌어지고 있는 마약 거래 현장을 찍고 싶었다. 그곳으로 이동해 잠시 차를 멈추고 '이게 마지막 장면이야'라고 스스로 주문을 외고 있는 순간, 이번에는 갑자기 뒤에 있던 차가 경적을 울리기 시작했다. 또다른 거래상들의 차량이었다. 뒤에서 "저 자식들 잡아!" 하는 소리가 들렸다. 머리가 하얘졌다. 잡히면 큰일 난다. 미리 약속한 대로 카메라를 내리고 서둘러 가속페달을 밟았다. 영화 속 추격 장면까지는 아니지만 우리는 죽을힘을 다해 차를 몰아 켄싱턴에서 빠져나왔다. 다행히 교통신호에 막힌 뒤 마약 거래상의 차는 추격을 이내 포기했다. 다시는 켄싱턴 거리에 가고 싶지 않다.

왜 켄싱턴은 이토록 악명 높은 마약 거리가 됐을까. 자료를 찾아봤다. 켄싱턴이 위치한 필라델피아는 펜실베이니아주의 주도다. 펜실베이니아주 역시 쇠퇴한 공업지대, '러스트 벨트'의 일원이다. 과거에는 미국 제조업의 황금기를 누렸던 영광의 역사가 있는 곳이지만, 공장들이 하나둘씩 이전했고 급속하게 슬럼화가 진행됐다. 슬럼화된 거리에 노숙인들과 마약 중독자들이 모여들며 켄싱턴은 미국에서 가장 유명한 마약 거리가 됐다. 하지만 이런 상황은 켄싱턴에만 국한된 것이 아니다. 비슷한 현상이 미국의 주요 대도시 곳곳으로 빠르게 퍼지고 있다. 2022년 11월, 뉴욕시 당국의 발표에 따르면 뉴욕의 마약 중독자 20%에서 자일라진 성분이 검출됐다. 샌프란시스코, LA, 시애틀, 시카고 등 주요 도시 각지에 이런 마약 거리가 생겨났다. 어느덧 미국 36개 주 이상에서 자일라진이 확산했다는 보도가 나왔다. 펜타닐을 넘어 자일라진이 미국을 공포로 몰아넣고 있다. 그리고 또 다른 켄싱턴 거리가 미국 곳곳에서 생겨나고 있다.

4. 총기 난사, 안전지대는 없다

2022년 8월, 섭씨 40도 가까이 올라가는 텍사스주 샌안토니오로 향했다. 날씨만 더운 게 아니었다. 뉴욕을 비롯한 미국 동부와는 확연히 다른 분위기를 느낄 수 있는 곳이 바로 텍사스다. 텍사스 하면 떠오르는 이미지가 카우보이인 것처럼 그곳에는 광활한 평원이 있는가 하면 곳곳에 유전 지대가 펼쳐져 있다. 텍사스는 미국과 멕시코가 전쟁을 벌였던 곳이며 1836년에는 텍사스공화국이라는 독립 국가가 세워진 적도 있다. 10년 후, 텍사스공화국이 미합중국에 병합됐지만, 여전히 텍사스 사람들은 '우리는 좀 달라'라는 특유의 자부심이 있다. 최근에는 삼성의 반도체 공장이 들어서는 등 첨단 과학 산업 기지로 탈바꿈하고 있기도 하다.

그런데 미국 사람들이 텍사스 하면 떠올리는 또 다른 이미지가 있다. 바로 '총'이다. 이곳에 처음 정착한 텍사스 사람들은 아메리칸 인디언 원주민과 멕시코인들을 몰아내기 위해, 혹은 자신을 보호하기 위해 총을 필수적으로 소유했다고 한다. 카우보이들은 더 많은 땅을 차지하기 위해 서로 총질을 해 댔다. 텍사스 하면 '총'이 떠오르는 건 이런 역사적 배경 때문일 것이다. 이런 이유로 여전히 텍사스는 별도의 허가 없이도 총을 휴대할 수 있는 곳이다.

"엄지손가락을 제대로 올려놓으세요. 모두 잘하셨는지 한번 봅시다."
교관이 말하는 대로 교육생들이 모두 잘 따라 하고 있었다. 내가 텍사스주 샌안토니오에 도착해 향한 곳은 일반인들에게 총 쏘기를 가르쳐 주는 교육장이었다. 나도 취재를 위해 직접, 이 교육에 참여했다. 총 다루는 법을 배울 수 있는 2시간 코스의 초보자 입문 과정이었다. 군대 시절, 총을 직접 쏴 봤지만, 무려 20여 년 전에 경험했던 일이었다. 다시 총을 잡아 보니 긴장감에 몸이 뻣뻣해졌다.

내 옆자리에 앉은 한 중년 남성과 이야기를 나눴다. 처음 총기 수업에 와 봤다는 악스 카스티요 씨, 어린 두 딸 때문에 이 교육에 참여하게 됐다고 한다. "요즘 세상에 온갖 일들이 벌어지고 있잖아요. 정말 조심해야 합니다. 그리고 그런 상황에서 우리는 안전해야 하고요." 맞는 말이었다. 언제 어떤 일이 벌어질지 모르는 일이다. 2023년 통계에 따르면 미국에서 평균적으로 하루 153명이 총기 사건으로 사망했다고 한다.

교육을 주관하는 퇴역 군인 출신 커티스 데이비스 씨는 미국인들이 총 쏘는 법을 배우고 총을 소지해야 할 이유를 이렇게 설명했다. "누군가를 공격하기 위한 것이 아니라 불가피한 상황에서 본인과 가족을 지키기 위해서예요." 1시간의 이론 수업이 끝나고 실습 교육까지 이어졌다. 1인당 10발의 실탄사격까지 할 수 있는 실습 시간, 이론 교육보다 훨씬 예민하고 긴장감이 가득 찬 분위기에서 진행됐다. 참석자들 모두 진지하게 참여했고 나도 열심히 배웠다. 명사수는 아니었지만 그래도 왕년에 사격 경험이 있어서 그런지 낙제점은 받지 않았다. 이런 총기 수업을 듣는 미국인들이 크게 늘고 있다. 수강생 중에는 아이를 둔 학부모가 가장 많고 손주들 때문에 배운다는 노인도 있다.

총도 많이 팔리고 있다. 미국에서 2020년에만 2,300만 정의 총기가 판매됐다고 하는데, 이 수치는 2019년에 비해 65%나 증가한 수치다. 총이 늘어나니 총과 관련한 사건 사고도 당연히 늘고 있다. 2019년 총기 관련 사망자 수가 3만 5,599명이었는데 2022년에는 4만 4,290명으로 크게 늘었다. 코로나19 팬데믹으로 사회적 스트레스가 증가하면서 곳곳에서 총기 난사 사건이 발생했고 총기 자살도 늘어났기 때문이다.

수업이 끝나고 강사 커티스 씨 부부의 집을 찾았다. 커티스 씨의 부인은 한국계 이민자였다. 아내 한나 씨가 수업이 끝난 딸을 학교에서 데려오는 현장을 함께 가 봤다. 다른 가족의 하굣길과 별반 다르지 않은 모습이었지만, 그녀가 메고 있는 특이한 가방 하나가 눈에 띄었다. 그 가방 안에는 뭐가 들어 있냐고 물었다. 한나 씨는 "이 가방에 휴대용 권총을 하나 숨겨서 들고 다닙니다. 만일의 경우를 대비해 항상 총 안에 총알을 하나 넣어 두고요."라고 답했다. 내가 다시 물었다. "아니, 늘 이렇게 총을 들고 다녀요?", 그러자 "예, 어디를 가든 총을 가지고 다닙니다."라고 답하는 그녀. 가족을 지키기 위해서 '총'을 들고 다닌다는 말은 정말 충격적이었다. 아무리 미국, 그것도 텍사스라지만 말이다.

커티스, 한나 씨 부부는 하나 더 보여 줄 것이 있다고 했다. 초등학교 2학년과 7살 난 두 딸을 키우는 부부, 엄마가 큰딸을 불렀다. 책가방을 들고 오는 큰딸, 다른 가방에 비해 두껍고 무거워 보였다. 방탄 기능이 있었기 때문이다. 가방의 한 면이 고밀도 폴리에틸렌으로 되어 있어 방탄조끼 같은 역할을 한다. 부부는 혹여나 주변에서 총기 사건이 났을 때의 대피 요령도 딸들에게 가르치고 있었다. 엄마가 "자, 사건이 일어났어. 어서 움직여!"라고 외쳤다. 그러자 딸은 반사적으로 가방을 메고 무조건 뛰더니 구석으로 가 몸을 숨겼다. 방탄 가방이 몸을 가려 주니 총알이 날아와도 막아 준다. 얼마나 많은 연습을 했는지 딸아이는 능숙하고 빠르게 움직였다. 한나 씨가 가지고 다니는 총 외에도 집에 총이 두어 자루 더 있다고 한다. 이렇게까지 하는 것, 총기 사건에 대한 부부의 불안감이 날로 커지고 있기 때문이다.

이 가족을 만난 샌안토니오에서 차로 한 시간 반 거리, '유밸디'라는 곳으로 이동했다. 롭 초등학교. 2022년 5월 24일, 이곳에서 끔찍한 총기 난사 사건이 발생했다. 19명의 어린이와 2명의 교사가 18살의 범인 살바도르 롤란도 라모스가 쏜 총에 맞아 숨졌다. 용의자는 텍사스에서 합법적으로 총기를 구매할 수 있는 18살이 되자마자 총을 샀다. 그리고 인근 초등학교에서 수업 중이었던, 아무 원한도 없는 어린이와 교사들에게 총기를 난사했다. 정확한 범행 동기는 여전히 조사 중이라고 한다. 내가 이곳을 찾았을 때는 사건 100일이 지난 시점이었다. 여전히 학교 주변은 슬픔에 잠겨 있었다. 학교 앞에는 떠나간 어린이들과 교사를 추모하는 가족과 친구들이 쓴 편지가 쌓여 있었다. 친구들을 기억하는 추모 물품들도 보였다. 한 부모가 희생당한 딸에게 남긴 메시지를 읽다가 나도 눈물을 흘렸다. 이 학교에 다니던 나머지 학생들은 다른 학교로 전학 갔고 학교 건물은 철거될 예정이다.

이 사건은 2012년 이후, 최악의 학교 총기 난사 사건으로 기록됐다. 특히 경찰이 1시간 넘게 진압을 머뭇거리면서 용의자가 100발 이상의 총을 난사한 것으로 알려졌다. 이 때문에 부실 대응 논란까지 크게 불거졌고 경찰서장은 결국 해임됐다. 유밸디 롭 초등학교의 비극은 여전히 미국 사회에 큰 트라우마로 남아 있다. 하지만 이런 사건은 반복되고 있다. 2023년 3월 27일에는 테네시주 내슈빌의 한 초등학교에서 총기 난사 사건이 발생해 어린이 3명과 성인 3명이 사망했다. 1999년 컬럼바인 고등학교, 2007년 버지니아 공대, 2012년 샌디훅 초등학교 사건 등 학교 내에서 수십 명의 생명을 앗아 간 총기 난사 사건도 반복되고 있다. 매일 미국 어딘가에서는 총기 사건이 발생하고 있다. 이 중에서도 학교에서 발생하는 총기 난사 사건은 그 피해 규모가 워낙 크고, 가해자와 피해자 사이의 특별한 원한도 없는 경우가 대부분이라 미국 사회의 가장 큰 사회문제 중 하나로 여겨진다.

상황이 이렇다 보니 내가 직접 총을 배워 총기 사건을 막겠다는 사람들이 늘었다. 자녀와 가족을 지키기 위해 총을 배우는 학부모도 있고, 학생들을 지키기 위해 총 쏘는 법을 배우려는 교사까지 늘고 있다. 오하이오주는 24시간만 교육받으면 교사가 학교에서 총을 휴대할 수 있도록 법을 개정했다. 미국 29개 주에서 허가만 있으면 교내에서 교사들이 총기를 휴대

ON AIR: 미국은 내전 중

할 수 있게 되었다.

"눈에는 눈, 이에는 이"가 되었다. 아무리 그래도 총을 막기 위해 총을 들어야 하는 현실이 쉽게 공감되지 않는다. 한나 씨 부부는 나를 설득했다. 더 많은 학부모와 교사들이 총기를 사용할 수 있어야 다른 참사를 막을 수 있다는 것이다. 총기를 규제하지 말고 사람들이 총을 더 많이 가지도록 해야 비극을 막을 수 있다는 것이다. 한나 씨는 인터뷰에서 이렇게 강조했다. "나쁜 사람들은 총을 계속 가지고 있을 것이고 그렇게 되면 어떤 식으로든 폭력은 계속해서 발생할 겁니다. 그래서 스스로 생명을 보호하기 위해 총을 배워야 합니다. 사람들에게서 총을 빼앗는 것은 좋은 생각이 아니에요."

다른 나라 사람들이 보기에 이런 미국의 총기 문화는 이해하기 어렵고, 심지어 후진적으로 보이기도 한다. 하지만 미국의 역사를 자세히 들여다보면 생각이 복잡해진다. 유럽에서 온 백인 이주자들이 식민지를 개척하면서 원주민, 야생동물과 싸워 온 역사를 살펴보면 그렇다. 언제 어디서 전투가 벌어질지 모르는 상황에다 아직 제대로 된 국가도 만들어지지 않아 치안은 불안했다. 그래서 총은 개인과 가족을 지키는 불가피한 수단이었다고 생각하는 미국인들이 많다. 이미 널리 퍼진 총을 정부가 완벽히 다시 수거하는 것도 현실적으로 힘든 상황이다.

물론 여기에도 정파적인 갈등이 자리 잡고 있다. 트럼프를 비롯한 보수 진영은 수정헌법 제2조 "무기를 소유하고 휴대할 수 있는 국민의 권리는 침해될 수 없다."라는 조항을 옹호한다. 총을 없애거나 규제할 것이 아니라 총을 나쁘게 사용하는 사람들을 제대로 관리하자는 뜻이다. 바이든을 포함한 총기 규제 진영의 입장은 정반대다. 총기 사용을 전면 금지하지는 않더라도 총기 규제를 더 강화하자고 주장한다. 총을 살 수 있는 사람에 대한 자격 제한을 더 강화하고 감시하자는 것이다. 총기 규제에 대한 여론도 정치 진영에 따라 양극화가 이루어지고 있다. 2023년 8월 발표된 갤럽 여론조사에 따르면 미국인들 중, 민주당 지지층 사이에서 총기 규제 강화 필요성에 공감하는 응답이 2003년 70%에서 2023년에는 84%로 늘었다. 반면에 공화당 지지자 중에서 총기 규제에 공감하는 의견은 2003년 41% 였지만 2023년에는 31%로 줄었다. 이러다 보니 총기 규제 관련 법안도 의회에서 합의점을 찾지 못하고 답보 상태에 머물러 있다. 그 사이 총기 사건은 계속해서 발생하고 있다.

5. 학교 폭력, SNS가 낳은 또 다른 전쟁

2023년 2월, 한국에서 고위 공직자로 임명된 한 검사 출신 변호사가 큰 사회적 논란을 불러일으켰다. 아들의 심각한 학교 폭력 전력이 드러났기 때문이다. 특히 아버지가 자신의 권력과 법률 지식을 이용해 아들의 문제를 무마한 게 아니냐는 의혹이 커지면서 여론이 들끓었다. 씻을 수 없는 학교 폭력의 상처를 입었던 송혜교가 복수의 칼날을 갈아 성인이 된 뒤 가해자들을 응징한다는 줄거리의 넷플릭스 시리즈 「더 글로리」도 그때쯤 전 세계적으로 큰 인기를 얻었다. 미국에서도 「더 글로리」는 『오징어 게임』의 폭발적인 반응 수준까지는 아니었지만 그래도 적지 않은 인기를 얻으며 흥행에 성공했다. 한국뿐만 아니라 전 세계가 그 시리즈에 반응했다는 말은 곧 학교 폭력 문제에 대해 국경을 초월한 공감대가 있다는 뜻.

미국의 학교 폭력 문제는 어떤 상황일까. 딸아이에게 물었다. 당시 미국의 초등학교에 다니던 딸은 얼마 전 학교에서 있었던 일을 들려주었다. 한 남학생이 여학생에게 성희롱적인 발언을 일삼다 다른 반으로 옮겨졌다고 한다. 또 다른 학생은 학교에서 다른 친구들을 괴롭히고 폭력적인 행동도 가끔 저질러서 아예 다른 학교로 전학 보내졌다고 했다. 'A4K'라는 미국의 학교 폭력 예방 단체가 2022년에 펴낸 자료를 살펴봤다. 미국 전역에서 하루 평균 16만 명의 학생이 학교 폭력 피해를 봐 결석한다고 한다. 하루에 16만 명이 학교 폭력 때문에 결석한다니. 미국에서도 학교 폭력은 사회적 인내를 넘어선 심각한 문제로 여겨지고 있었다.

버지니아주 페어팩스 카운티(Fairfax County)에 사는 테일러 씨 가족을 만났다. 테일러 브락 씨는 두 달 전부터 중학생 아들을 통학 버스에 태우지 않고 있었다. 한 동영상을 본 뒤부터였다. 2023년 1월 23일, 통학 버스에 탔던 다른 학생이 촬영한 동영상이었다. 브락 씨가 저장해 둔 동영상을 함께 봤다. 통학 버스 안 상황, 아들 주변에 여러 명의 남녀 학생들이 모여들었다. 누군가 "딩딩딩!", 마치 권투 시합 때 들리는 종소리 같은 소리를 냈다. 그러자 미리 모의한 듯, 한 학생이 아들 크리스티안 군을 마구 때리기 시작했다. 괴롭힘과 폭행은 하굣길 내내 이어졌다. 그런데 어머니가 더 충격을 받은 건 다른 아이들의 행동이었다. 테일러 씨의 말, "괴롭히는 아이에게 그만하라고 말하는 대신 모두가 전화기를 꺼내 웃으며 동영상 촬영을 했더라고요." 버스에 탄 나머지 아이들도 폭행에 가담하거나 동영상을 찍지 않았더라도 보복이 두려워 모두 잠자코 있었다.

이런 주제의 인터뷰를 하면 보통 부모는 피해 자녀를 직접 언론에 되도록 노출하지 않으려 한다. 그런데 이들 가족은 달랐다. 아이에게 죄책감을 심어 주고 싶지 않다고 했다. 더 당당하게 자신이 겪은 이야기를 남들에게 들려주라며 어머니는 내게 아들을 직접 데려와 소개했다. 이제 목에 있던 상처는 거의 아물었지만 크리스티안 군이 입은 마음의 상처는 여전했다. 친구들의 괴롭힘은 그때가 처음이 아니라 오랫동안 지속해 왔다 한다. 크리스티안 군은 "이제 학교 가는 일이 무섭고 너무 두려워요."라고 말했다. 또래 아이들보다 유난히 키도 작고 체력이 왜소해 부모는 늘 걱정이었지만 이런 일까지 학교에서 당하고 있을지는 몰랐다.

ON AIR: 미국은 내전 중

부모는 사건 이후, 아이를 보호할 방법이 뭘까 걱정하다 법원에서 '접근금지명령'까지 받아냈다. 가해 학생은 2년 동안 아들의 주변 50피트(약 15.2미터) 이내에 접근할 수 없다. 하지만 테일러 브락 씨는 분노에 찬 목소리로 내게 말했다. "접근금지명령은 제대로 지켜지지 않고 있어요. 가해 학생은 그날 이후에도 아이에게 종종 다가와 겁을 주고는 마치 실수인 것처럼 행동했어요. 아들이 계속 가해자를 맞닥뜨려야 하는 정신적인 싸움은 아주 힘들 겁니다." 어머니를 더욱 화가 나게 한 것은 학교의 대응. 아들은 그 뒤로 트라우마에 시달리며 통학 버스도 못 타고 있지만 가해 학생은 열흘의 정학 처분이 있고 난 뒤, 아무 일 없었다는 듯 통학 버스를 이용하고 있다. 학교생활에도 아무런 제한이 없다. 심지어 어머니는 "학교가 가해 학생이 접근금지명령을 제대로 지키지 않는 것도 방관하고 있다."라고 주장했다.

직접 학교에 전화를 걸어 봤다. 취재 의도를 설명하고 담당 교사나 책임자와 통화를 요청했다. 나의 연락처를 남기고 인터뷰를 요청했으나 아무런 답이 없었다. 그러다 며칠이 지난 뒤, 학교 담당자가 메일을 보냈다. "이 사건은 두 학생 간의 상황이며 규정에 따라 해결하고 있습니다. 모든 학생의 안전에 대해 학교가 심각하고 여기고 있습니다."라는 답이었다. 내가 요청한 질문들은 상당히 구체적이었는데 돌아온 답변은 일반적이고 원론적인 수준이었다. '두 학생 간의 상황'이라는 표현을 보고는 학교가 이 문제를 어떻게 인식하고 있는지 확실히 알 수 있었다.

2023년 2월, 뉴저지주의 한 고등학교 앞에서 학생들의 집회가 연이어 열렸다. 학생들의 구호는 이랬다. "우리가 원하는 것? 정의! 누구를 위해서? 아드리아나!" 이들은 학교 폭력에 시달리던 한 친구의 죽음에 분노해 시위에 나섰다. 2023년 2월 3일, 14살 여중생 아드리아나 쿠치가 극단적인 선택을 했다. 바로 이틀 전 일어난 일 때문이었다. 2월 1일, 학교에서 촬영된 한 동영상이 학생들을 통해 빠르게 전파됐다. 그 동영상을 나도 보게 되었다. 끔찍한 영상이었다. 아드리아나가 학교 복도에 등장하자 몇 명의 여학생들이 모여들었다. 얼굴에 물을 뿌리고 가장 저급한 수준의 욕설들을 아드리아나에게 퍼붓기 시작했다. 옆에 있던 한 남학생이 말렸지만 소용없었다. 이런 식으로 매일 학교에서 괴롭힘에 시달리던 아드리아나가 결국 삶의 끈을 놓아 버린 것이다.

이곳에서도 학교 당국의 반응은 비슷했다. 2023년 2월 16일 개최된 학교 공청회에서 학생들과 학부모들의 분노가 폭발했다. 이들은 폭력과 괴롭힘이 학교 내에서 오랫동안 만연되어 있었는데 학교 당국이 쉬쉬하며 문제를 계속 덮어 왔다고 주장했다. 피해 학생들의 절규를 그대로 옮겨 보겠다. "저희는 따돌림을 당하고 괴롭힘을 당할까 두렵습니다. 지난 몇 주 동안 그런 일이 여러 학생에게 지속해서 발생했기 때문입니다.", "저는 그저 제가 어떤 괴롭힘을 당하고 있는지 이야기하려고, 여러분들이 부디 제 말을 듣게 하려고 정말 열심히 노력했어요. 그런데 왜 안 듣는 거죠?" 라며 학생들은 울음을 터뜨렸다. 심지어 한 피해 학생은 직접 자신이 폭행당한 동영상을 공개하며 학교에 뿌리 깊이 박혀 있는 폭력 문화를 고발했다. 학생들과 학부모들은 학교가 오로지 학교의 위신과 체면만 중시한다고 느끼고 있었다.

분노한 지역 민심에 결국 교육감은 사퇴했다. 수습을 위해 임명된 임시 교육감은 빠른 대책을 세우겠다고 했다. 그런데 나는 그가 언론 인터뷰에서 말한 한 문장에 주목했다. 더글라스 콜벳 뉴저지주 오션 카운티 임시 교육감은 2023년 2월 16일, 취재진에게 이렇게 말했다. "소셜미디어, SNS로 인한 위험을 논의하기 위한 학교 총회를 준비하겠습니다." 그렇다. 다시 이곳에서도 소셜 미디어, SNS가 등장한다. 마약도, 총기도 그리고 학교 폭력도 SNS가 문제였다. '사회적 네트워크'는 사람들을 이어 주며 순기능을 자랑했지만, 인간과 범죄도 새로이 이어 주었다. SNS가 미국 사회 병폐의 새로운 숙주로 떠오르고 있다. 과거에는 물리적 폭력이 대부분이었던 미국의 학교 폭력 양상은 최근 크게 변화하고 있다. 지금은 소셜 미디어, SNS를 통한 망신 주기와 괴롭힘이 심각한 문제로 떠오르고 있다. 'A4K'에서 조사한 바에 따르면 미국의 학생 중 77%가 학교에서 괴롭힘을 당해 본 적이 있는데, 43%가 사이버 괴롭힘을 당했다고 답했다. 즉 학교 폭력 피해자 중 절반 이상은 SNS나 온라인상에서 행해지는 사이버 괴롭힘을 당한 셈이다.

앞서 이야기한 아드리아나의 경우처럼 자신이 폭행당한 영상 혹은 사진 이미지가 SNS를 통해 퍼질 경우, 피해자의 상처는 더욱 깊어진다. 당사자들만 아는 경우를 넘어서 학교 친구들, 심지어 불특정 다수에게 퍼지기 때문이다. "SNS를 통한 괴롭힘은 피해자가 스스로를 비인격적으로 느끼게 만듭니다. 피해자는 더욱 외로워지고 고립감과 굴욕감을 느끼게 됩니다."라고 한 전문가는 지적했다.

2023년 3월 말, 나는 뉴저지주 유니언 카운티(Union County)에서 다이안 씨를 만났다. 그녀의 사무실 곳곳에는 친구들의 괴롭힘에 시달리다 세상을 떠난 딸의 사진이 걸려 있었다. 맬러리 그로스만, 2017년 당시 중학교 2학년이었던 딸은 지속적인 친구들의 괴롭힘에 시달렸다. 동급생들은 맬러리의 머리카락을 잡아당겼고, 합창 연습할 때는 의자를 걷어차 버렸다. 온갖 욕설을 해 대며 모욕적인 표현을 일삼았다. 어린 학생들끼리 했다는 말로는 믿을 수 없는 욕설들이 오갔다. 어머니는 그 표현들을 직접 써 가며 딸이 받았을 고통을 내게 전하고자 했다. 학교에서 있었던 일을 딸에게 들을 때마다 엄마는 하늘이 무너지는 것 같았다. 몇 달 동안이나 학교와 선생님께 문제 해결을 호소했지만, 학교는 수수방관했다. 가해 학생들의 부모들에게도 연락해 다시는 그런 일이 없도록 해 달라 애원도 해 봤다.

하지만 소용이 없었다. 오히려 가해 학생들의 괴롭힘이 더 교묘해졌다. 학교에서 직접 괴롭히는 일은 줄었는데 새롭게 SNS를 이용하기 시작한 것이다. 딸이 극단적 선택을 하기 전날, 엄마에게 털어놨던 이야기를 다이안 씨는 정확히 기억하고 있었다. "엄마, 나 학교에서 정말 힘든 하루를 보냈어요." 이렇게 말하며 전화기를 보여 줬다는 딸, "불쌍한 맬러리, 넌 친구가 없어."라는 글과 함께 딸의 사진에 온갖 낙서와 욕설을 한 이미지가 그려져 있었다. 그 사진은 학교 친구들의 SNS를 타고 금세 퍼졌다. 그날 한 가해 학생은 딸에게 죽으라는 말까지 했다고 한다. 결국 맬러리는 다음 날 가족들이 잠시 외출하고 돌아왔을 때 침대에서 싸늘한 주검으로 발견됐다.

미국의 학교 폭력을 취재하며 느낀 중요한 사실이 하나 더 있다. 미국의 모든 모순은 절대 개별적이고 독립적인 문제가 아니다. 학교 폭력만 해도 하나의 사례는 수도 없이 많은 연결고리를 타고 더 심각한 사회적 문제를 낳고 있다. 당장 받는 고통도 문제지만 피해자들의 상당수는 상상할 수 없는 분노와 증오를 오랫동안 마음속에 키우게 된다. 그리고 그중 일부는 이 분노를 없애기 위해 마약에 손을 댄다. 그리고 일부는 끔찍한 범죄를 저지르게 된다. 바로 총기 사건이다. 실제로 미국의 총기 사건이 학교에서 많이 발생하고 있고, 가해자들의 일부는 학교 폭력의 피해자이기도 하다. 학교 폭력, 마약, 총기 사건으로 이어지는 이 악순환의 배후에는 또 SNS가 도사리고 있다. 소셜 미디어를 통해 학교 폭력은 더욱 악랄해지고 마약과 총기도 스마트폰을 통해 비밀스레 거래되고 있다.

2023년 7월 말, 『뉴욕타임스』 신문에서 맬러리의 이름을 다시 보게 됐다. 기사를 자세히 봤다. 학교 당국이 학교 폭력 피해 신고에 대해 제대로 대처하지 못한 책임을 지고 맬러리 그로스만의 가족들에게 901만 달러(약 116억 원)을 지급하기로 했다는 것이다. 그리고 뉴저지주에서는 일명 '맬러리법'이 통과됐다. 학교와 교육청의 학교 폭력 관리 의무를 강화하는 것이 법안의 주요 골자였다. 또 가해 학생이 만약 법원이 명령한 학교 폭력 방지 교육을 제대로 이수하지 않으면 가해 학생 부모가 내야 할 벌금도 올렸다. 이 법안을 통과시키고 딸의 명예를 회복하기 위해 맬러리 양의 부모는 지난 6년 동안 피눈물 나는 싸움을 진행했다.

6. 지하철에서 살아남아라

2023년 5월 6일, 뉴욕 맨해튼 지하철 63가 렉싱턴 애비뉴 지하철역에서 시민들과 경찰관들 사이에 큰 충돌이 발생했다. 경찰에 연행되는 사람들도 속출했다. 경찰과 몸싸움을 벌이는 시위대가 외치는 이름은 "조던 닐리, 조던 닐리!"였다. 비슷한 시위는 맨해튼 지하철역 곳곳에서 열렸고 주말에는 대규모 옥외 집회도 열렸다.

조던 닐리, 그는 2023년 5월 1일 뉴욕 지하철 열차 안에서 사망했다. 30살의 흑인 남성인 그는 사망 당시, 지하철에서 노숙 생활을 하고 있었다. 우리나라의 지하철과는 달리 뉴욕 지하철 일부 노선은 24시간 운영한다. 그러다 보니 지하철에서 생활하는 노숙인들을 많이 볼 수 있다. 하지만 그는 단순한 노숙인은 아니었다. 최근 수년간 정신 질환과 마약중독에 시달렸다고 한다. 그리고 뉴욕 경찰에 의해 절도, 지하철 무단 승차, 지하철 내 폭행 등의 혐의로 총 42번 체포된 적이 있다고 한다. 맨해튼에서 지하철을 많이 타 본 사람이라면 조던을 한 번쯤 본 적이 있을 정도로 유명한 사람이기도 했다. 몇 년 전까지만 해도 마이클 잭슨을 흉내 내며 지하철에서 공연하고 승객들에게 돈을 받았다고 한다.

지하철의 유명한 춤꾼이 위험천만한 노숙인으로 어떻게 변하게 됐는지 자세히 알기는 힘들지만 아마 마약의 영향이 컸으리라 짐작된다. 2023년 5월 1일, 조던 닐리 씨는 뉴욕 지하철 안에서 소동을 벌이며 승객들을 위협했다고 한다. "죽고 싶어요.", "배가 고프다.", "내 인생은 끝났어."라고 횡설수설하며 일부 승객들에게 폭력적인 행동들을 시작했다. 그러자 다른 승객들이 조던을 제지했는데, 그 과정에서 해병대 출신의 백인 청년 대니얼 페니 씨가 조던의 목을 조르며 제압했다. 그런데 얼마 지나지 않아 그가 의식을 잃었다. 몇 분 후, 응급 구조대까지 출동해 심폐 소생술을 했지만 결국 그는 사망했다. 백인 가해자 대니얼은 간단한 조사만 받고 석방됐지만, 이후 항의 여론이 높아지고 나서야 기소됐다. 일부 시민들은 흑인을 죽인 백인을 경찰이 감싸고 있다며 분노했다. 인종차별에 항의하는 시위는 그래서 벌어졌다.

2020년 5월, 미네소타주에서 경찰의 폭력에 의해 사망한 '조지 플로이드 사건'까지 떠올랐다. 제2의 조지 플로이드 사건이 발생하는 것이 아니냐고 뉴욕뿐만 아니라 전 미국이 긴장했다. 조지 플로이드 사건이 전국적인 BLM(흑인의 생명도 소중하다, Black Lives Matter) 시위로 확산했던 터라 언론과 정치권도 연일 관련 기사와 논평을 내놓았다. 나도 취재를 위해 항의 시위 현장과 조던이 사망한 브로드웨이-라파예트 역도 직접 가 보았다. 사건 발생 후, 며칠이 지났지만, 여전히 현장 부근에는 긴장감이 여전했다. 역 안에는 양초나 추모 꽃다발들이 놓여 있었고 추모 인파들이 모여 삼삼오오 항의 시위를 벌이고 있었다. 그런데 시간이 지날수록 우려한 바와 달리 여론은 의외의 방향으로 흘러갔다. 뉴욕 시민들 사이에서 '조던 닐리 사건'을 보는 시선이 첨예하게 대립한 것이다.

내가 만난 시민들의 목소리를 직접 옮겨 본다. 이번 사건이 가해자와 경찰의 인종차별 행위라 주장하는 사람들의 주장은 이랬다. "노숙자였든 아니든 정신 질환이 있든 없든 그는 죽어야 할 이유가 없었어요.", "누군가 싸움을 막고 모든 상황을 멈추는 데 도움을 줄 수 있었습니다. 그 누구도 목숨을 잃을 만한 일을 하지 않았어요."라고. 이번엔 다른 목소리를 들어보자. "과잉 대응이었느냐 아니냐는 경계가 매우 모호한 것 같아요.", "이번에 일어난 사건에 인종적 동기가 있었는지는 확실하지 않은 것 같은데요." 이렇게 이번 사건을 둘러싼 의견 차이는 상당히 컸다. 인종차별이라 외치며 분노했던 뉴욕 시민들의 목소리는 힘을 크게 받지 못하고 이내 잠잠해졌다. 왜 그랬을까.

뉴욕시 퀸스 지역으로 갔다. 이곳에서 만난 엘리자베스 곰스 씨, 처음 인사를 나누고 그녀의 얼굴을 보자마자 나는 흠칫 놀랐다. 사연을 들어서 알고는 있었지만 실제로 만나 보니 곰스 씨가 얼마나 끔찍한 사건을 겪었는지 새삼 느낄 수 있었기 때문이다. 그녀의 한쪽 눈은 동공의 색깔마저 사라져 버린, 영구 실명한 상태였다.

곰스는 뉴욕의 관문인 JFK 공항의 보안 요원이었다. 한국 국적기들이 이용하는 터미널 1에서 일했다. 2022년 9월 20일 새벽, 그녀는 평소처럼 아침 근무를 위해 서둘러 집을 나섰다. 하워드비치 역이었다. 그런데 열차를 갈아타기 위해 걸어가는 그녀에게 한 노숙인이 다가와 아무 이유 없이 끔찍한 폭행을 가하기 시작했다. "그는 가방에서 물건을 꺼내 제 머리를 내리쳤어요. 소리를 들었을 때 유리병이라는 걸 깨달았고 바로 도망가려 했어요."라며 당시의 상황을 설명했다. 인터뷰 내내 곰스 씨의 목소리가 파르르 떨렸다. 사력을 다해 그녀는 도망쳤다고 한다. 하지만 용의자는 다시 따라와 2차 폭행을 가했다. "제 얼굴을 여러 번 발로 찼지만, 얼굴 아래는 발로 차지 않았습니다. 그는 제 얼굴만 발로 찼어요. 그리고 주먹으로도 얼굴을 때렸어요. 마치 그의 목표는 제 얼굴뿐인 것 같았습니다." 그녀가 보여 준 당시 CCTV 영상은 참혹함 그 자체였다. 결국 그녀는 한쪽 눈의 시력을 잃을 정도로 심각한 폭행을 당했다. 주변에 있던 지하철 보안 요원은 그녀를 도와주지 않았다. 그 이후로 곰스 씨는 지하철을 타지 않는다고 한다.

뉴욕에서 지하철 범죄는 흔한 일이다. 2022년 4월 12일, 뉴욕 브루클린 36번가 역에서는 열차 안에서 총기 사건이 발생했다. '프랭크 제임스'라는 용의자가 총을 난사했다. 사망자는 다행히 발생하지 않았지만 10명의 시민이 총상을 입었다. 2022년 1월 15일, 타임스퀘어역에서는 정신 질환을 앓고 있던 한 노숙인이 아무 이유 없이 중국계 여성 미셸 고를 뒤에서 밀어 버렸다. 뉴욕 지하철에는 스크린 도어가 없다. 그녀는 역으로 진입하는 열차에 치여 사망했다. 이렇듯 뉴욕 지하철에서는 노숙인에 의한 강도, 절도, 폭행, 심지어 살인 사건이 끊이질 않고 있다. 하루에도 몇 건씩 강력 범죄가 발생한다. 특히 코로나19 팬데믹 동안 상황은 심각해졌다. 『뉴욕 타임스』의 2022년 통계에 따르면 코로나19 이전보다 뉴욕 지하철의 범죄율이 25%나 증가했다고 한다.

지하철에서 사망한 조던 닐리 사건을 다시 생각해 본다. 왜 사람들이 이 사건을 인종차별 문제로 인식하지 않았을까. 결국 시민들이 느끼는 범죄에 대한 공포가 조던 닐리를 제압하는 과정에서 생긴 폭력에 대한 분노보다 더 강했다. 백인 청년이 흑인 노숙인의 폭력적인 행동을 제압한 것이 정당하다는, 인종차별보다 지하철 안전이 더 중요한 문제라는 인식이 퍼진 것이다.

취재 도중 만난 뉴욕 시민들은 지하철을 타는 것 자체가 큰 용기가 필요한 일이라고 말했다. 제이크라는 이름의 뉴욕 시민은 "저는 지하철이 무서운 노숙인과 마약 중독자, 그리고 위협적인 사람들로 가득 차 있다고 생각합니다."라고 말했다. 그러고 보니 나도 한국에서 지하철을 탈 때와 뉴욕에서 지하철을 탈 때는 마음가짐 자체가 달랐다. 대낮이라도 지하철을 탈 때면 항상 주위를 살피고 위험해 보이는 사람의 주변에는 아예 가질 않았다.

취재차 이틀 동안 지하철을 타고 뉴욕시의 외곽 지역을 돌아다녀 봤다. 나도 평소에는 무서워서 잘 안 가는 곳들, 할렘이나 브롱크스의 외곽 지역들로만 갔다. 안경 몰카를 끼고 스마트폰 녹화 기능도 켜 놓고 다녔다. 역 주변에서 마약에 중독된 사람들을 만나는 건 어려운 일이 아니었다. 직접 마약을 거래하는 현장도 여기저기서 목격했다. 내가 스마트폰을 들고 있는 게 이상하게 보였는지 한 중독자가 다가와 "촬영 중인가요?"라며 따지기 시작했다. 더 있다가는 화를 당할 수 있는 상황. 나는 "영어를 잘 못

해요. 무슨 말인지 잘 모르겠어요."라고 말하며 황급히 자리를 피했다.

역 안으로 내려가니 한 노숙인이 쓰레기통을 뒤지고 있었다. 그 안에서 물통을 집어 마시더니 플랫폼 안에서 소변까지 봤다. 역 곳곳에서 악취가 났다. 뉴욕 시내에는 이렇게 위생 상태마저 열악한 노후 역들이 많다. 안전 문제에 위생 상태까지 문제였다. 아무리 만든 지 120년 된 뉴욕 지하철이라고 하지만 상황은 심각해도 너무 심각했다. 안전하고 깨끗한 한국 지하철을 떠올리다 뉴욕 관광을 온 한국인들이 다들 깜짝 놀라는 데에는 그만한 이유가 있다.

세계 최고 도시라는 뉴욕의 지하철은 왜 이렇게 됐을까. 곰스 씨의 의견을 물었다. 그녀는 "뉴욕 지하철을 한번 보세요. 부자들이 타나요? 뉴욕 지하철은 오로지 저 같은 가난한 사람들이나 타요."라고 답했다. 그러고 보니 뉴욕의 부자들은 지하철을 타지 않는다. 가까운 거리라도 자가용을 타거나 혹은 우버나 택시를 이용한다. 뉴욕 지하철의 요금은 2024년 현재 편도 기준 2.90달러, 우리 돈으로 3,800원 정도 한다. 우리 기준으로는 비싸 보이지만 뉴욕에서는 제일 싼 대중교통 수단이다. 그래서 서민들이 시간에 구애 없이 이용할 수 있는 유일한 교통수단이 지하철이다.

지하철을 탈 때면 가끔 이런 생각이 들곤 했다. '이곳은 뉴욕의 축소판이구나.' 전 세계 모든 인종과 언어가 한 객차 안에 모여 있는 듯한 다양성과 생동감을 느낄 수 있지만, 동시에 미국 사회가 가지는 모순도 함께 체감할 수 있는 곳이 지하철이었다. 부자들은 자기들만의 수단으로 이동하며 다른 세상에 살고 있다. 지하철에는 그럴 만한 돈이 없는 뉴욕 시민들이 모여든다. 누구에게는 지하철이 집이 되고, 또 다른 누군가에게는 남의 돈을 훔치고 범죄를 저지를 수 있는 곳. 그리고 또 누군가에게는 삶의 터전으로 이동하는 가장 저렴한 교통수단. 각자가 이용하는 목적이 다르니 지하철은 서로의 욕구를 달성하기 위해 싸우는 투쟁의 공간이 된 것은 아닐까. 지하철에서 살아남아야 뉴욕이라는 도시에서도 살아남을 수 있다. 오늘도 지하철에 몸을 실은 뉴욕 시민들은 하루하루 생존 전쟁을 벌이고 있다.

미국만의 전쟁일까

이 글의 취지는 미국의 과거와 현재, 미래의 모습을 살펴보며 미국에서 왜 내전 같은 상황이 발생했는지 함께 고민해 보고자 함이다. 이 글을 다 읽은 독자들이 지금 미국의 상황을 이해하는 데 나의 생생한 현장 취재기가 조금이라도 도움이 되었기를 바란다.

글을 시작하면서도 말했지만 책을 쓰는 내내 머릿속에서 떠나지 않았던 큰 걱정이 있었다. 미국의 분열은 결코 미국만의 문제가 아니다. 대한민국의 상황 역시 별반 다르지 않다. 필자의 미국 체류 경험을 정리해 글을 써 보려 했던 이유도 바로 거기에 있다. 미국이 지금 겪고 있는 전대미문의 위기와 분열은 한국을 비롯한 전 세계에서 공통으로 나타나는 현상이기에 결코 남의 나라 이야기하듯이 지나가서는 안 된다.

미국의 정치 상황을 한번 보자. 오랜 미국식 민주주의의 전통과는 멀어진 채, 상대방을 죽여야 내가 살아남는 적대적 대결만이 판을 치고 있다. 바이든과 트럼프, 트럼프와 바이든은 사생결단으로 서로를 저주하며 상대방의 몰락을 바라고 있다. 미국의 언론과 국민도 정확히 양분돼 있다. 서로의 생각을 존중하고 경청하며 토론을 통해 더 나은 대안을 마련하는 모습은 이제는 보기 힘들어졌다. 서로를 가장 자극적인 방법으로 조롱하고 폄훼하고 있으며 심지어 상대방에 대한 폭력마저 일상화되고 있다.

대한민국의 상황도 다르지 않다. 대화와 타협이라는 단어가 사라진 지 오래되었다. 최근 들어 정치인에 대한 테러 소식마저 심심치 않게 들린다. 한국에서도 2024년 총선이 끝나고 2027년에는 대통령 선거가 있을 예정이다. 전문가들은 한국의 적대적 분열 정치가 시간이 갈수록 더욱 심화할 거로 예측한다. 3년 뒤, 대한민국 정치의 모습이 두렵게 느껴진다.

진영화 논란에 빠져 있는 미국의 언론 환경에 대해서 살펴보았다. 유튜브와 SNS를 통해 유통되는 일부 가짜 뉴스의 폐해도 민주주의를 위협하는 골칫덩어리로 떠오르고 있다. 추천 알고리즘에 기반한 콘텐츠들은 확인되지 않은 정보들을 무분별하게 유통하고 있다. 특정 시청자가 보고 싶어 하는 정보만을 지속해서 소비하게 만들며, 개인이 가진 신념을 더욱 강화하고 편향적으로 만들어 버린다. 생각이 다른 사람들과 직접 만나 토론할 기회는 사라졌다. 생산자는 상업적 이익을 극대화하기 위해 더 자극적이며 진영 논리에 충실한 새 콘텐츠를 생산해 낸다. 이런 미디어 환경의 변화는 정치적 양극화와 사회 분열을 더욱 가속하고 있다. 미국과 한국, 전 세계가 모두 공통으로 겪고 있는 일이다. 아마도 인공지능(AI) 기술이 발달하고 딥페이크(Deep fake, 인공지능 기술을 활용해 특정인의 얼굴이나 영상을 합성한 편집물) 영상마저 많아진다면 그 폐해는 상상을 초월할 수 있다.

'이민'은 2024년 미국 대선의 향방을 좌우할 만큼 중요한 이슈이기도 하다. 미국의 역사가 바로 이민의 역사이듯, 미국은 전 세계에서 몰려오는 아메리칸드림을 흡수하며 세계의 일인자로 우뚝 설 수 있었다. 하지만 미국이 변했다. 급속히 진행된 세계화, 연결된 공급망은 미국의 전통 산업들을 퇴보시키며 적지 않은 미국인들의 경제 기반을 붕괴시켰다. 미국인들은 이제 홀로서기를 주장한다. 미국도 먹고살기 힘든데 외국의 일에 참견하지 말자고 말한다. 최근 중남미에서 몰려든 난민들로 야기된 사회적 문제는 이러한 여론을 더욱 부채질했다. 이민자들에 대한 혐오와 배제 정서는 이제 낯선 일이 아니다. 문제는 이 과정에서 '모든 미국인은 원래 이민자'라는 미국의 정체성마저 사라졌다. 미국 경제의 밑바닥을 형성하고 있는 이민 노동력의 중요성에 대한 합리적 토론도 이미 불가능한 상황. 불과 2~3년 전, 팬데믹으로 인해 중남미 노동력 유입이 불가능했을 때 겪었던 인력난과 인플레이션은 미국인들의 기억 속에서 지워졌다. 미국의 '반이민 정서'는 유럽에도 유행처럼 퍼지고 있다.

한국은 어떤가. 세계 어느 나라도 경험하지 못한 저출생과 초고령 사회를 맞이한 우리 한국 사회, 결국 이민을 받아들이는 것이 불가피한 선택으로 여겨진다. 하지만 우리는 이민자들이 몰고 올 사회적 충격과 분열을 제대로 준비하고 있는가. 지난 300년 동안 '이민자의 나라'였던 미국마저 심각한 국론 분열과 사회 갈등이 벌어지고 있다. 그런데 단일 언어, 단일

ON AIR: 미국은 내전 중

민족의 자부심을 품고 있는 우리나라에서 이민 인구가 과연 안착할 수 있을까. 미국이나 유럽 사례를 살펴보고 이민 노동력의 유입으로 인한 부작용과 사회 갈등을 방지할 대책부터 서둘러 마련해야 하는 것은 아닌가.

이제 누구도 한국이 '마약 청정 국가'라는 말은 하지 않는다. 헤로인이나 필로폰 같은 전통적 마약뿐만 아니라 펜타닐 등 신종 마약이 한국 사회에 급속하게 퍼져 있다는 보도도 계속되고 있다. 마약으로 인해 학교와 지역공동체가 붕괴하고 있는 미국의 현실에서 우리는 무엇을 배워야 할까. 설마 우리나라에도 미국의 좀비 거리 같은 곳이 조만간 생기는 것은 아닐까. 다른 문제들도 마찬가지다. 난폭해지는 학교 폭력, 늘어나는 빈부 격차, 노숙 인구 증가 등 지금 미국 사회의 고민거리는 모두 한국 사회에서도 판박이처럼 나타나고 있다.

하지만 반대로 생각해 보면 다행스럽다. 한국 사회는 우리보다 앞서 위기를 처절하게 겪고 있는 '미국'이라는 기출문제를 가지고 있다. 본문에서도 언급했듯이 모든 분열은 먹고 사는 문제에서 시작했다. 미국이 이 분열과 갈등을 어떻게 헤쳐 나가는지 진지하고 주의 깊게 살펴봐야 한다. 만약 미국이 당장 해결책을 찾지 못하고 더 오랜 분열과 방황을 지속하더라도 우리는 그곳에서 실마리를 찾아야 한다. 독자들이 미국과 한국 사회의 분열에 대해 함께 고민할 기회를 얻었다면 필자의 기획 의도는 충분히 이룬 것이다. 다시 한번 부족한 글을 끝까지 읽어 주신 것에 깊은 감사를 드린다.

ON AIR: 미국은 내전 중

1판 1쇄 발행 2024년 5월 10일

지은이   강윤기
발행처   도서출판 혜화동
발행인   이상호
편집   이희정
주소   경기도 고양시 일산동구 위시티3로 111
등록   2017년 8월 16일 (제2017-000158호)
전화   070-8728-7484
팩스   031-624-5386
전자우편 hyehwadong79@naver.com

ISBN 979-11-90049-43-6 03340